WITCH PLEASE

Pour ma Sarah ...

Love you

Jack Parker
Illustrations de Diglee

WITCH PLEASE

Grimoire de sorcellerie moderne

Pygmalion

Illustrations : Diglee.
Maquette : Oreka graphisme.

ISBN : 978-2-7564-2535-1

Jack Parker est une autrice de 32 ans qui aime les sujets de niche – elle a notamment écrit un livre sur les règles et animé un podcast sur la mort. Logique donc que la sorcellerie fasse aussi partie de ses préoccupations.

Élevée par une femme mystique et par un homme fan d'histoires fantastiques, elle a baigné dans une spiritualité alternative et n'a jamais trouvé étrange de ramasser des cailloux dans la forêt et de jeter des œufs par-dessus son épaule pour éloigner les mauvais sorts. Aujourd'hui, elle a trouvé le bon équilibre entre les croyances occultes et la vie moderne, et c'est ce qu'elle tente de vous transmettre avec ce grimoire.

Maureen est une illustratrice, une romancière et une militante féministe de 31 ans. En vraie Verseau/Poissons, c'est une excentrique passionnée par les mystères de l'univers.

Entourée de ses deux acolytes, Basile et Paillette, ses chats – un abyssin feu et une grisette des rues –, elle travaille chez elle en free-lance, dans le calme et l'opulence de sa tanière remplie de fleurs, de cristaux et de bougies. Tanière dans laquelle elle aime créer, lire, mais aussi tirer le tarot à ses amis autour d'un thé à la violette.

INTRODUCTION

QUI SUIS-JE ?

Avant toute chose, il faut que je me présente et que je vous explique ce qui m'a amenée à écrire ce livre.

Je m'appelle Taous Merakchi et j'écris depuis bientôt dix ans sous le pseudonyme Jack Parker, parce que je ne pensais pas sortir de ma sphère de rédactrice Web obscure et que j'aimais l'idée qu'on ne puisse se faire aucun *a priori* sur mon identité à travers mon nom.

Je suis née et ai grandi à Paris, élevée principalement par ma mère qui a toujours eu un penchant pour le mystique. Petite, je la voyais lire des choses étranges, tirer les cartes, se pencher sur son énorme guide du Yijing (une pratique divinatoire chinoise), allumer de l'encens et disposer des petits objets, cailloux et talismans à des endroits stratégiques du foyer. Dès qu'on changeait d'appartement, elle prenait soin de le purifier avant qu'on s'installe vraiment. Elle m'a toujours encouragée à parler à la nature, à l'univers, aux esprits, et surtout à les écouter, à écouter mes tripes aussi. Pour elle, il y a des messages partout, tout un tas de choses qui circulent dans notre monde et qu'on ne voit ou ne sent pas forcément, à moins d'y faire très attention.

Mon père était un peu moins spirituel, mais ça ne l'empêchait pas de croire en certaines choses – il disait que dans la famille il y avait pas mal d'histoires de prémonitions et que lui-même y avait été sujet à plusieurs reprises. Un matin, je me suis réveillée en sursaut avec une seule phrase en tête : « Comment tu réagirais si tu apprenais la mort d'un ami aujourd'hui ? »

J'ai mis ça sur le compte d'un rêve inachevé et j'ai entamé ma journée tranquillement. Lorsque j'ai appelé mon père dans l'après-midi, il m'a appris qu'un ami à nous était décédé dans la nuit. Peu importe comment on l'explique – qu'on choisisse la science, la coïncidence ou la prémonition –, il se trouve que ça m'est arrivé assez souvent pour que je choisisse d'y prêter attention – et jusqu'à présent, ça n'a jamais raté.

En réalité, le cerveau perçoit bien plus d'informations qu'on ne le croit, et il y a plein d'explications scientifiques à ces phénomènes – mais moi, ça me fait du bien d'y voir quelque chose de mystique. Ça ne me fait pas de mal, ça n'en fait pas non plus à mes proches, alors aujourd'hui, je l'assume et je le vis très bien.

En résumé, la magie a toujours un peu fait partie de ma vie, par le biais d'anecdotes comme celle-ci, mais aussi parce que j'en ai fait le choix. Oui, j'y ai été exposée et ça a été facile pour moi de m'y coller vu que j'avais déjà une mère très ouverte d'esprit sur la question, pourtant elle n'a jamais cherché à m'influencer – elle m'a laissé tracer ma route comme bon me semblait spirituellement, sans chercher à me retenir, à me brimer ou à m'imposer une seule vision des choses.

Mes parents m'ont avant tout encouragée à être honnête, à être moi, quitte à être en marge, quitte à faire des erreurs. Du coup, au collège, je lisais le magazine *Rituels, Magie & Sorcellerie* dans la cour à la vue de tous, parce que j'étais comme ça et que je ne voyais pas l'intérêt de faire semblant d'être quelqu'un d'autre. Bon, je ne vous cacherai pas que mes camarades ne partageaient pas tout à fait ma façon de voir et que ça leur a donné quelques munitions pour m'en mettre plein la tronche, mais ça en valait la peine.

Néanmoins, j'ai appris au fil des années à dissimuler cette partie de ma personnalité parce que je ne supportais plus les moqueries et que je n'avais pas les armes, à l'époque, pour me défendre. Ça ne se jouait pas sur le même terrain qu'aujourd'hui, où je peux m'embrouiller gentiment avec mes potes en terrasse quand ils me vannent à ce propos.

Récemment, j'ai commencé à voir davantage de gens en parler publiquement. Des gens de tous les âges, de tous les genres, de toutes les cultures. Sur Twitter, j'ai vu de plus en plus de pseudos contenant le mot « sorcière » débarquer dans mon fil d'actualité. Sur la plateforme de micro blogging Tumblr, j'ai découvert qu'il existait des centaines de blogs sur le sujet, que la communauté était extrêmement vaste et qu'un nouveau mouvement émergeait tranquillement – celui de la sorcellerie moderne. Celle qui s'adapte au monde dans lequel nous vivons, aux changements de la société, des mentalités, aux nouvelles générations qui sont en train, doucement mais sûrement, de changer complètement la face du monde. J'ai trouvé la communauté que j'aurais rêvé avoir à quatorze ans. J'ai découvert que certaines de mes amies en faisaient partie, que des femmes très proches de moi avaient ce petit truc secret en elles aussi, et on a toutes commencé à s'ouvrir progressivement. J'ai lancé une newsletter intitulée *Witch, Please*, dans laquelle je livrais mes pensées et le contenu de mes grimoires tous les quinze jours à quelques milliers (!!!) d'intéressés. Et les médias se sont emparés du sujet, sous les moqueries de beaucoup de lecteurs, avec un ton parfois sardonique, parfois taquin, ou juste un peu étonné.

Petit à petit, on s'est mis à ressortir nos livres, nos accessoires, nos petits rituels, et à enterrer une bonne fois pour toutes la petite voix qui nous disait que c'était un délire de gosse, que c'était ridicule et qu'on ferait mieux de grandir. Des gens sont littéralement morts pour ces choses-là et ça, oui, ça se respecte. En ce sens, en prenant conscience d'où on vient, de tout ce qu'il a fallu traverser historiquement pour en arriver là, il faut faire un peu gaffe. Si c'est juste pour obtenir des *likes* sur Instagram, ce n'est sans doute pas ce qu'il vous faut.

Car, oui, pour certaines personnes, c'est peut-être juste une phase, le truc à dire parce que ça donne un genre – c'est ce que j'ai pu lire quand j'ai lancé ma newsletter. D'ailleurs, beaucoup de gens qui disaient pratiquer la sorcellerie de façon traditionnelle depuis longtemps m'ont accusée de jouer de cet effet de mode et qu'à cause d'initiatives comme la mienne, on n'allait bientôt plus pouvoir faire la différence entre les «vrais» et les «faux». Mais vous voulez que je vous dise? Tant mieux. La culture, quelle qu'elle soit, appartient à tout le monde.

Tant mieux si ça devient plus accessible. Tant mieux si ça devient une «mode». Tant mieux si des gens qui n'en avaient jamais entendu parler ou qui n'y connaissaient rien découvrent soudain tout un tas de sources sur le sujet. Tant mieux s'il devient plus facile de se renseigner, d'apprendre et de se rencontrer. Tant mieux si plus de personnes peuvent y trouver un peu de bonheur et d'épanouissement. Tant mieux si les accessoires et les ingrédients dont on a besoin sont vendus dans plus de trois boutiques dans le monde. Tant mieux si les articles, blogs et livres qui sortent à ce propos sont écrits par d'autres que des vieux hommes blancs dans les années 1960.

Et tant pis si ça chiffonne ceux qui auraient préféré rester entre eux, bien cachés, couvant leur petit secret et leur savoir ancestral et absolu, qui n'a pas bougé depuis des plombes.

La sorcellerie est un moyen de rendre sa vie plus chouette, de reprendre le pouvoir, d'agir sur tout un tas de choses. Pourquoi ça ne devrait être réservé qu'à une élite? Désolée si ça vous froisse, mais c'est pas comme ça que j'ai été élevée. Tant qu'il y a du respect, vous faites bien ce que vous voulez.

D'HIER À AUJOURD'HUI

POURQUOI LES SORCIÈRES REVIENNENT-ELLES EN FORCE EN CE MOMENT ?

Elles ont eu leur moment de gloire dans les films et séries des années 1990-2000. Citons les films *The Craft – Dangereuse Alliance* – ou *Les Ensorceleuses* et des séries comme *Buffy contre les vampires, Charmed* ou *Sabrina, l'apprentie sorcière*. Sans oublier la saga littéraire *Harry Potter*! Mais, aujourd'hui, elles se transposent à la vie réelle. Ce qui était un fantasme adolescent, voire préadolescent, est en train de s'installer dans la vie adulte de façon totalement ouverte et décomplexée, et même les médias grand public s'en emparent, faisant souvent le lien avec la montée du féminisme. Et ça a du sens.

Si on aborde le sujet d'un point de vue strictement «féminin» (à travers la mentalité féministe et concernant les personnes qui s'identifient en tant que femmes), il y a effectivement quelque chose de très séduisant dans la réappropriation de l'image de la sorcière.

La sorcière est une femme puissante, indépendante, à l'écoute du monde et de l'univers, qui se sert de toutes les énergies qui transitent dans ce monde pour s'élever, se protéger, reprendre le pouvoir sur sa vie. Un pouvoir dont nous avons été privées pendant des millénaires. Certain(e)(s) choisissent la culture, d'autres la politique, d'autres encore l'expression artistique, et maintenant il y a aussi la sorcellerie. On peut évidemment jouer sur plusieurs tableaux en même temps, l'un n'excluant pas les autres. On ne revêt plus un seul rôle, mais on s'empare de tous ceux qui nous plaisent, nous parlent et nous concernent. Se définir comme sorcière, c'est prendre le pouvoir d'une certaine façon : réaffirmer cette indépendance, cette capacité que nous avons à régler les problèmes nous-mêmes, à atteindre nos buts, nos objectifs, et à lutter contre ce qui nous enferme et nous minimise.

Historiquement, les femmes accusées de sorcellerie étaient souvent des femmes lettrées, indépendantes, qui savaient soigner et qui vivaient la plus part du temps seules – célibataires ou veuves, l'absence d'une présence masculine dans leur foyer éveillait les soupçons du voisinage. Bien sûr, ça ne s'est pas arrêté là et des hommes aussi ont été exécutés pour sorcellerie à travers le monde. Les procès et les exécutions étaient généralement l'ultime issue de ragots de quartier – et d'une bonne dose de paranoïa et d'hystérie collective. Si l'un d'eux avait une querelle quelconque avec son voisin et qu'une de ses vaches mourrait, c'était sûrement sa faute, et il y avait forcément une histoire de mauvais sort derrière tout ça. Rajoutons un climat religieux tendu et sévère et on obtient la formule parfaite pour condamner tous ceux qui ont eu le malheur de vivre un peu en marge ou de regarder quelqu'un de traviole.

De nos jours – au moins dans le monde occidental –, les choses sont différentes. Nous avons l'immense privilège de pouvoir parler de sorcellerie et de nous amuser avec sans répercussions, mais il ne faut pas oublier qu'il existe encore des pays où l'on peut être condamné, torturé et exécuté pour sorcellerie. Nous avons une position privilégiée, parce que le pire qu'il puisse nous arriver ici, c'est surtout de se fader les moqueries des gens et de passer pour des allumés ou des grands enfants naïfs déconnectés de toute forme de rationalité. Perso, je peux vivre avec.

Pour autant, les sorcières d'aujourd'hui ne sont pas que femmes. L'avantage de l'anglais, c'est que le terme *witch* est neutre et peut être appliqué aux hommes également. En français, « sorcière » et « sorcier » ont des connotations différentes, et on a encore trop tendance à restreindre le tout à l'image de la femme telle qu'on la fantasme ou telle qu'on la craint. Mais les sorcières sont multiples et diverses, que ce soit dans leur identité de genre, leur orientation sexuelle, leur couleur de peau, leur origine, leur religion, leur culture : il y en a partout et tout le monde peut l'être. Le rôle de la sorcellerie n'est pas d'exclure qui que ce soit, bien au contraire. C'est le domaine dans lequel chacun peut trouver sa place, surtout ceux qui ont l'habitude de vivre en marge, les laissés-pour-compte, les originaux. Elle embrasse tout le monde et, dans les communautés de sorcières – si tant est qu'elles soient saines –, chacun est traité avec respect et égalité.

Mon expérience personnelle fait que je n'ai rencontré que des sorcières femmes et que j'ai une pratique très en lien avec ma féminité, mais c'est mon histoire, toutes les autres sont aussi valides et la mienne ne prend le pas sur aucune autre. C'est aussi culturel : étant née en France et ayant une culture majoritairement occidentale, j'ai grandi en voyant la sorcière comme une personnage féminin. Qu'elle soit positive ou non, posée comme une adversaire ou une alliée, ses traits étaient ceux d'une femme. Les hommes eux sont enchanteurs ou magiciens. Mais à travers l'histoire, à travers le monde entier, selon les époques et les cultures, les visions diffèrent. Choisir de n'associer la figure de la sorcière qu'à la femme, c'est exclure une grande partie de la population. C'est oublier que notre culture occidentale, bien qu'on la définisse comme « dominante », n'est pas la seule culture au monde et qu'elle n'a pas toujours existé sous les mêmes traits. Elle a changé, évolué... Elle est si vieille et s'est nourrie de tellement d'éléments extérieurs, qu'il est difficile de définir une norme. Sur quoi se base-t-on? Qu'est-ce qui fait que notre vision est plus naturelle, plus logique, plus normale? J'ai lu, dans les cercles de sorcières féministes, beaucoup de textes de gens qui se vantent presque de ramener tout à la femme et à la féminité, parce qu'après tout ce sont les femmes qui ont le plus souffert des accusations de sorcellerie, ce sont les femmes qui ont le plus besoin de ce pouvoir aujourd'hui et que, traditionnellement, ça leur appartient. Si je comprends ce raisonnement et si, comme je l'ai dit plus haut, il colle presque à ma vision très personnelle de ma pratique, ce n'est pas pour autant que j'ai envie de l'imposer comme une norme et de crier sur tous les toits que c'est comme ça que ça doit être vu, fait et réapproprié.

Qu'est-ce qui nous attire autant dans le concept de sorcellerie? Il y a d'abord, évidemment, ce qu'on en a vu sur nos écrans ou lu dans nos livres préférés : ce fantasme enfantin de vouloir ressembler à nos héros. Mais ensuite, une fois qu'on a compris qu'on ne recevrait pas de lettre de Poudlard, ni de pouvoirs magiques la nuit de nos seize ans, on commence à voir la chose un peu différemment.

QU'EST-CE QUE LA SORCELLERIE ?

Puisque je ne peux pas parler au nom de tout le monde, laissez-moi vous expliquer ce qu'est pour moi la sorcellerie. Derrière ce nom – et tous les rituels et toutes les croyances qui vont avec –, les pratiquants poursuivent le même but que ceux qui trouvent leur bonheur dans la religion ou que ceux qui font de la manifestation d'intention et qui croient aux lois de l'attraction. C'est la même racine pour tout : on souhaite quelque chose, on a besoin de s'appuyer sur un concept – un dieu, une logique – pour trouver des clés et des façons d'accéder à ce but, et on suit les règles qui vont avec ce qu'on a choisi pour aller au bout. Quand on est croyant, on demande des choses à son dieu, on l'appelle à l'aide, on lui demande conseil, on le prie de protéger nos proches, de nous donner de la force, etc.

Quand on pratique la sorcellerie, finalement, c'est pareil. Sauf qu'on ne le fait pas nécessairement en s'appuyant sur un dieu – même si c'est totalement possible, j'ai croisé pas mal de gens qui arrivaient parfaitement à allier religion monothéiste et sorcellerie, et d'autres encore qui se sont trouvé des divinités plus adaptées à leur vision du monde. Certaines sorcières ont ressorti les dieux des religions polythéistes du placard, certaines prient les dieux grecs, d'autres sont plutôt branchées dieux nordiques, et d'autres encore remontent jusqu'à l'Égypte antique.

Chacun sa route, chacun son chemin, comme dirait l'autre.

En ce qui me concerne, quand il m'arrive de m'adresser à « quelqu'un » dans mes rituels, ou de « prier », j'ai plutôt tendance à lancer ça dans le vent. Je laisse l'univers faire ce qu'il veut de ce que je lui dis, je lui fais confiance, à lui et à tout ce qu'il contient, de connu et d'inconnu, de concret et de fantasmé, et ça me va très bien comme ça.

Ma philosophie, concernant la sorcellerie, c'est : faire à sa sauce. Ça ne sert à rien de se forcer à entrer dans un moule ou de suivre un mouvement qui ne vous correspond pas. C'est une pratique personnelle, intime, comme la religion, et elle ne regarde que vous et vos croyances. Tout dépend de la voie que vous choisissez. Il y a des courants plus codifiés – comme la wicca, qui est une religion à part entière, puisqu'elle a ses déités et ses codes – et des parcours plus libres, comme celui que j'ai choisi, où on pioche un peu selon ses inclinaisons et sa culture.

Je pense qu'il est, néanmoins, important de garder une forme de respect pour les différents pans de la sorcellerie lorsqu'ils dévient de votre culture personnelle. En tant que femme d'origine franco-kabyle, il ne me viendrait pas par exemple à l'idée de m'emparer de pratiques vaudoues. Ce qui ne veut pas dire que je ne vais rien apprendre à ce sujet, que je ne vais pas m'y intéresser de près et peut-être en retirer quelque chose, mais dans la pratique pure, je ne me sentirais pas à l'aise. Ce n'est pas ma culture, ce n'est pas mon histoire, c'est plus qu'un cliché de film d'horreur avec une poupée et des épingles. Là aussi, il y a des codes, une histoire, un folklore. Toutefois, ce n'est pas celui avec lequel j'ai grandi et je n'y ai jamais été exposée frontalement, donc je le laisse à ceux que ça concerne. Entre mes ancêtres kabyles d'un côté, vikings de l'autre et mon identité française, j'ai déjà pas mal de trucs à disposition sans avoir besoin d'aller piller les autres cultures – n'en déplaise à mes ancêtres du Nord.

Même si la pratique est libre et extérieure à tout mouvement existant, ça ne veut pas dire qu'elle doit être dénuée de respect pour autant. Comme pour toute discipline, il est impératif, selon moi, de s'éduquer un maximum, d'écouter ce qu'en disent les autres, dans tous les courants et toutes les cultures, de faire des recherches, de poser des questions, de changer d'avis et de se tromper aussi. Ça fait partie du jeu. Et c'est pour ça que je vais essayer de vous livrer quelques bases, glanées au fil des années de pratique plus ou moins assidue, pour que vous puissiez vous lancer, reprendre une pratique abandonnée depuis des années ou juste découvrir une autre façon de faire.

Ma voie n'est pas LA voie. Ma voie est la mienne, avec une racine commune à beaucoup d'autres. À *vous* de trouver celle qui sera la vôtre. Ce n'est pas à moi de vous le dire.

TROUVER SON POUVOIR

Être sorcière, c'est avoir conscience de son pouvoir. C'est aussi avoir confiance en son pouvoir. Et quand on grandit dans une société qui ressemble à la nôtre, ce n'est pas toujours facile à appliquer. On doit réapprendre à se faire confiance, à retrouver une forme de spontanéité et d'insouciance face au jugement et au regard des autres, alors qu'on savait probablement très bien faire tout ça quand on était enfants. Quand on errait dans les rues en parlant à des choses qui n'étaient pas là, qu'on ne contrôlait ni nos gestes ni le volume de nos voix, qu'on se foutait d'être vus dans telle ou telle position, d'être entendus pendant nos jeux, parce qu'en dehors de notre univers rien n'existait vraiment et tout était un peu flou. Alors, certes, passé un certain âge, on ne se remettra pas forcément à trottiner dans la rue en chantant très fort et en se faisant une cape avec notre manteau à capuche, mais si on pouvait retrouver l'essence de cette insouciance, ça ne nous ferait pas de mal.

Car, finalement, la sorcellerie, c'est un peu ça. Un mélange de cette spontanéité enfantine et d'un pouvoir plus adulte, plus mature, qui a conscience de ce avec quoi il joue et de ce qu'il manipule. Le meilleur des deux mondes, quelque part. C'est à vous évidemment de trouver la juste formule, le dosage qui vous convient, parce que nous n'avons pas tous la même attitude face à tout ça ; il me semble que ce tronc est commun à une grande partie des pratiques.

Être sorcière, c'est se rebeller contre le sentiment d'impuissance qui nous paralyse. C'est agir pour soi et sur son environnement – ou au moins essayer – et se mettre à l'écoute des messages transmis par l'univers et les événements qui jalonnent notre quotidien. Ça ne veut pas dire que tout deviendra rose une fois qu'on aura une spiritualité et une pratique en phase avec cet état d'esprit, mais ça nous donnera quelques clés pour mieux comprendre, accepter ce qu'on ne peut changer et faire face aux aléas de la vie avec un peu plus de sérénité. Que ce soit en vous basant sur les petits signes, sur l'astrologie ou sur les saisons et les équinoxes, vous trouverez toujours un sens à ce que vous vivez à travers ces croyances. Et mine de rien, ça peut aider quand on a tendance à s'enliser et à se laisser dépasser.

Ce pouvoir, c'est le vôtre, il doit vous ressembler. Inutile de chercher à cloner la version de quelqu'un d'autre, si elle ne vous convient pas, ça ne collera pas.

COMMENT UTILISER CE LIVRE ?

Ce livre est un point de départ. C'est une base de données que j'ai élaborée sur plusieurs années de pratique et de recherche, à laquelle j'ai ajouté mes propres interprétations et ce qui correspond le plus à ma vision de la sorcellerie. Ce grimoire peut servir de structure autour de laquelle construire votre propre pratique ou pour approfondir certaines choses et enrichir une méthode déjà en place. C'est un tremplin.

Libre à vous de faire les choses à votre sauce, comme avec un livre de cuisine. Bien qu'il y ait des gens qui suivent les recettes à la lettre, au milligramme de cumin près, la plupart du temps on s'en sert comme base et on adapte ensuite selon ses goûts et ses envies. On vous dit de mettre une gousse d'ail et vous adorez ça? Bah, mettez-en trois, qu'est-ce que ça peut bien faire? À part altérer votre haleine, mais ça, hein, bon, quand on aime l'ail, on fait avec.

Je vais vous donner des clés, des pistes, des idées, un début, et ce sera à vous d'en faire ce que vous voudrez.

De toute façon, il y aura toujours quelqu'un pour vous dire que les pâtes à la carbonara, ça ne se fait PAS avec de la crème. Si vous aimez ça, ça ne vous empêchera pas de le faire quand même (sauf que vous éviterez d'appeler ça une carbo devant des Italiens pour pas perdre des potes à cause d'un plat de pâtes).

J'ai déjà reçu plusieurs commentaires et messages de gens qui étaient outrés de voir que je suggérais, par exemple, de se dessiner des petits symboles magiques au vernis pour se donner la patate et d'incorporer la sorcellerie à sa routine beauté, parce que, bon, si on commence à mélanger tutos make-up et runes, où va le monde, je vous le demande? Ça ne m'a pas empêchée de continuer à le faire pour autant. Et, à moins qu'un jour je fasse quelque chose de réellement insultant envers la culture de quelqu'un, ne comptez pas trop sur moi pour faire les choses de façon 100 % traditionnelle. Je serai toujours à l'écoute de ceux qui se sentent heurtés, le dialogue sera toujours ouvert, mais ça ne sert à rien de venir me dire que ma pratique est mauvaise parce que je récite une incantation quand je mets du rouge à lèvres ou que j'utilise une app sur mon téléphone pour remplacer mes bougies lorsque j'en ai pas de la bonne couleur.

Pour moi, la sorcellerie est comme notre langue : vivante.

On ne parle plus comme on parlait au XVe siècle, et c'est pareil pour la sorcellerie. Encore une fois, j'insiste sur le « pour moi ». L'utilisation de la première personne dans ce livre n'est pas un hasard ou un *ego trip* : c'est pour bien insister sur le caractère personnel de cette interprétation. Je sais que plein de gens sont d'accord avec moi, mais je sais aussi que d'autres ne le sont pas et ne le seront probablement jamais – et bon sang, tant mieux ! Quel ennui, sinon. Et quelle richesse de pouvoir échanger avec des gens qui ont des points de vue différents, d'autres façons de faire, de croire, de penser, d'interpréter… On ne peut que s'enrichir les uns les autres. Il nous arrivera forcément de nous retrouver face à des murs et nous serons donc forcés d'admettre qu'aucun accord ne pourra être trouvé sur tel ou tel aspect de la sorcellerie. Ça ne constitue pas un problème ou un obstacle à la bonne entente pour autant, en ce qui me concerne. Je n'ai pas pour but de ne m'entourer que de gens qui partagent exactement mon point de vue dans tous les domaines – sinon je pourrais tout aussi bien rester chez moi et parler à mon miroir (quoique, je ne suis pas à l'abri de m'embrouiller avec moi-même, mais c'est une autre histoire).

Une dernière fois, si ma manière de faire ne colle pas à votre vision des choses, ne faites pas comme moi. Ce qui compte dans la sorcellerie, c'est l'intention. Et si votre intuition vous dit que vous n'êtes pas sur la bonne voie, s'il y a un truc que vous ne sentez pas, qui ne convient pas à vos idéaux, ça ne sert à rien de vous forcer. Faire un rituel quand on ne croit pas à 100 % en ce qu'on fait, c'est partir perdant.

Si je vous dis de mettre de la cannelle dans votre café le matin parce que c'est bon pour la chance et la prospérité, mais que vous n'aimez pas la cannelle (ou le café), trouvez autre chose ! Autre exemple : la lavande est souvent utilisée pour ses propriétés apaisantes, pour trouver le sommeil et calmer l'anxiété. Il y a des gens qui ne peuvent pas blairer l'odeur de la lavande, alors, niveau détente, ça risque de moins bien marcher. Les tables de correspondance sont là pour ça, il existe plusieurs ingrédients possibles pour toutes les intentions du monde, n'hésitez pas à trouver le substitut qui vous convient.

Et en dehors des ingrédients, si la construction même d'un rituel ou d'un sort vous fait lever un sourcil, pouffer de dédain, ou vous semble tout simplement à mille bornes de votre personnalité, oubliez-le. Sinon adaptez-le, réécrivez-le pour en faire *votre* sort, *votre* rituel. Tout est malléable, rien n'est gravé dans le marbre ; et s'il y a bien une personne qui ne se vantera jamais d'être une figure d'autorité en la matière, c'est bien moi. Donc, allez-y franco, et faites absolument ce que vous voulez de ce que je vous offre. Une fois que c'est entre vos mains, ce n'est plus entre les miennes, et ce que vous en faites ne me regarde plus, c'est à vous et rien qu'à vous.

AVERTISSEMENT

Avant d'aller plus loin, une note sur les ingrédients mentionnés dans ce grimoire : prenez bien garde de toujours vérifier les contre-indications avant de vous jeter sur une plante ou une huile en particulier. Certains éléments sont déconseillés aux femmes enceintes, aux personnes épileptiques ou aux propriétaires de certains animaux de compagnie. Ayez le réflexe de toujours vous renseigner sur ce que vous utilisez avant de le manipuler, de l'ingérer ou d'en diffuser le parfum chez vous. Surveillez aussi vos allergies ! Pour chaque élément, il existe toujours un ou plusieurs substituts qui peuvent être utilisés en remplacement – alors ne prenez pas de risques, si vous avez le moindre doute, utilisez l'alternative qui vous convient. Si vous ne vivez pas seul, veillez à ce que ça ne tombe pas entre les mains de n'importe qui, et faites attention à la santé des enfants et animaux qui partagent votre foyer ou qui y passent de temps en temps.

Il est important de noter également que si tous les rituels exposés dans ce grimoire peuvent aider et apporter un coup de pouce en cas de maladie mentale ou physique grave, ils n'annulent pas pour autant la nécessité de suivre un traitement ou de consulter un médecin. La sorcière moderne sait avant tout reconnaître les bienfaits de l'avancée de la science et en profiter en cas de besoin – et si une pratique assidue peut apporter un soulagement de certains maux physiques ou psychologiques, ce n'est pas une raison pour laisser tomber le traitement adapté qui vous a ou qui pourrait vous être prescrit. Prenez soin de vous et de votre vaisseau, et n'hésitez pas à aller consulter en cas de problème récurrent et handicapant. Croyez-en les mots d'une sorcière en thérapie !

ALCHIMIE
SORTILEGES
TAROT
SYMBOLES
CHIROMANCIE
Astrologie

PREMIÈRE PARTIE

LES BASES

QUELLE SORCIÈRE ÊTES-VOUS ?

Peut-être que cette question appelle chez vous une réponse immédiate, dénuée de doute et d'hésitation. Peut-être que vous savez déjà exactement sur quel chemin vous êtes. Mais il y a des chances pour que vous ne sachiez pas encore tout à fait où vous vous trouvez, dans la multitude d'options que semble contenir le monde de la sorcellerie. Appartenez-vous à un culte reconnu ? Avez-vous créé le vôtre ? Tenez-vous votre savoir de vos ancêtres, suite logique d'une tradition ancestrale ? Ou au contraire vous posez-vous en premier maillon de cette chaîne de transmission qui suivra votre descendance pour les siècles à venir ? Peut-être que c'est vous, la sorcière originelle de la famille. Ou que vous êtes celle qui fera dévier la branche de l'arbre pour créer quelque chose de nouveau, de différent…

Votre pratique est-elle solitaire ou organisée dans un groupe avec des rendez-vous, des réunions, des rites réguliers ? Quel élément vous parle le plus ? Êtes-vous de la mer ou de la forêt ? De la ville ou des champs ? Quels dieux priez-vous lorsque vient le moment de demander de l'aide ? À qui rendez-vous hommage ? Faites-vous partie des courageux qui se lancent dans des dialogues avec les fées ? Le plus gros de votre pratique se fait-il en cuisine ? Ou en tailleur devant votre autel ?

Bien qu'il ne soit pas nécessaire de savoir répondre à toutes ces questions tout de suite, surtout si vous en êtes qu'au début de votre pratique, ce sont des éléments qui vous aideront à affiner votre vision des choses et votre façon de faire avec le temps. Ils vous permettront également de trouver une communauté plus facilement – qu'elle soit physique, virtuelle, ou les deux à la fois. Les courants sont tellement vastes et nombreux dans la sorcellerie qu'il est facile de se perdre, donc votre particularité vous permettra d'affiner vos recherches et de voir plus rapidement et plus facilement si un contenu est fait pour vous ou non. Ça vous aidera dans vos recherches en ligne, dans vos lectures, dans vos conversations, et évidemment dans l'évolution de votre pratique, qui suivra un axe plus ou moins défini selon ce vers quoi vous vous serez tourné(e).

Maintenant, comment décide-t-on de ce qu'on est ? Vaste question, plus compliquée qu'il n'y paraît, puisqu'il ne suffit pas toujours d'aller vers ce qui nous semble le plus logique ou le plus intéressant.

Par exemple, je trouve l'idée de la nécromancie super intéressante, ma vie, ma personnalité, mes goûts, tout indique que je ferais une parfaite nécromancienne ; mais malgré ça, je n'y ai jamais touché, ou alors de très très loin. Pourquoi ? Parce que je ne m'y sens pas 100 % à l'aise. Je ne m'y sens pas sincère, ça ne me paraît pas naturel, et ça me fait même peur – et s'il y a bien un truc que j'ai appris au fil des années, c'est de ne pas se lancer dans une pratique avec la peur au ventre. C'est un très bon indicateur qu'il ne faut pas hésiter à écouter, tout en s'autorisant à lui dire de la fermer quand il s'emballe pour rien. C'est une sacrée gymnastique quotidienne, mais on s'y fait.

Le choix de votre discipline se fera donc au fil du temps, en fonction de plusieurs facteurs.

Tout d'abord, penchez-vous sur le facteur du lieu : où vivez-vous ? En ville, à la campagne, à la mer ? Quel est l'environnement qui vous évoque le plus la magie et dans lequel vous puisez vos forces et ressources ?

En ce qui me concerne, je me considère comme une sorcière urbaine ascendant sorcière des forêts. Je suis née, ai grandi et vis à Paris, c'est là qu'est mon quotidien, mais je trouve les forêts ensorcelantes et je m'y sens toujours bien – sauf quand une araignée me tombe dans les cheveux, ce qui fait immanquablement ressortir la citadine en moi et me rappelle que, non, je ne suis pas faite pour vivre à la campagne. Régulièrement, j'essaye de faire des promenades en forêt pour me ressourcer spirituellement et pour m'équiper matériellement en ramassant des petites choses qui viendront décorer mon autel ou s'ajouter à mon matériel rituel.

Ensuite vient la question spirituelle : croyez-vous en un ou plusieurs dieux ? Si oui, lesquels ?

Bien que ça paraisse paradoxal, il existe bel et bien des sorcières associées aux fois chrétiennes, musulmanes et juives. Car, si la sorcellerie a été historiquement condamnée très sévèrement par la religion, c'est le cas aussi de plein d'autres choses que l'on accepte plus facilement aujourd'hui. En plus de ces trois religions monothéistes et des courants contemporains divers et variés, on trouve aussi beaucoup de cultes qui prennent racine dans des croyances plus anciennes : le panthéon des dieux grecs, égyptiens, celtiques ou encore nordiques, par exemple. Certaines sorcières consacrent leur pratique au culte d'Aphrodite, d'autres à celui de Bastet, et d'autres encore à Brigid ; etc. Il y a aussi les figures religieuses et mythologiques moins connues qui viennent avec les cultures de chacun(e) : que vous soyez inuit, berbère, haïtien ou norvégien, vous n'aurez pas forcément le même culte. Et évidemment, libre à vous de rester simplement athée ou de ne pas mettre de mot sur votre foi si elle existe, mais qu'elle ne repose pas sur un concept existant et plus ou moins fondé. Tout le monde n'est pas nécessairement d'accord avec ce point, donc, là encore, c'est à vous de vous faire votre propre avis sur la question. Il existe beaucoup de sorcières qui mélangent plusieurs cultures et qui acceptent tout à fait de prier Athéna, Isis et Odin dans le même souffle.

Et en dernier point vient le cœur de votre pratique. Selon ce avec quoi vous travaillez le plus souvent et l'intention qui domine, vous trouverez votre spécialité plus ou moins facilement. Vous pouvez vous concentrer sur les plantes, sur la magie du foyer, sur la guérison, sur le contact avec les esprits, sur les éléments ou les astres. Les courants sont nombreux. Et il y a aussi la possibilité de ne pas trop vous spécialiser et de laisser votre environnement quotidien et votre caractère faire le choix à votre place, comme c'est mon cas.

Si je devais me définir, je dirais que je suis une sorcière éclectique et solitaire – contrairement à d'autres qui se spécialisent vraiment et qui aiment travailler en groupe, avec leur coven. J'aime être seule, faire mes petites choses dans mon coin et sortir de ma caverne de temps en temps pour échanger avec mes semblables, sans qu'elles ne deviennent un élément essentiel à ma pratique. Je touche un peu à tout ce qui m'est accessible et qui me paraît cohérent avec mes envies et mes convictions, en faisant toujours confiance à mon instinct. C'est parfaitement adapté à celle que je suis aujourd'hui et à la vie que je mène pour l'instant, cela peut-être changera avec les années, mais pour l'instant je m'épanouis ainsi.

En résumé, il existe autant de typologies de sorcières que de pratiques.

Ne vous mettez pas trop la pression pour rentrer dans des cases tout de suite (ou tout court, d'ailleurs), laissez le temps faire les choses et aiguiser votre caractère, votre personnalité et votre pratique. Il n'y a aucune espèce d'urgence à se définir dans l'immédiat, prenez plaisir à errer un peu, à faire des expériences, à tenter de nouvelles choses, à aller dans un sens, puis dans l'autre… N'oubliez pas que votre spiritualité n'appartient qu'à vous et que ce que vous en faites vous regarde.

CRÉER SA PROPRE TRADITION

J'ai toujours trouvé qu'il y avait quelque chose de fondamentalement réconfortant dans les traditions familiales. Probablement parce qu'on en a très peu de mon côté et que j'ai beaucoup fantasmé sur ce qu'aurait été ma vie, si elle avait été plus ritualisée et calée sur le rythme des traditions de ma tribu. Là où d'autres voient des obligations, des carcans et la menace plombante de la routine, je vois une occasion en or de se créer de jolis souvenirs, de se rapprocher, de s'unir et de jouir de la complicité qui peut exister entre les membres d'un même clan. Je ne suis pas encore mère, mais j'ai bien l'intention de tenter le coup avec ma propre cellule familiale quelle que soit la forme qu'elle prendra pour créer mes propres traditions et, peut-être, celles qui suivront mes descendants pendant quelques générations. Du moins, jusqu'à ce que mes potentiels futurs enfants m'envoient bouler parce qu'ils auront autre chose à faire que de danser sous la pleine lune en chantant avec leur cinglée de mère.

Et attention, quand je dis « famille » ça prend cette forme pour moi, mais ce n'est pas forcément la définition que vous lui donnerez – parfois les familles dans lesquelles on naît sont loin d'être à la hauteur et il faut donc compléter le tableau en créant une autre avec des gens qui n'ont rien à voir avec vous génétiquement, qui vous font infiniment plus de bien. Une tradition peut aussi s'observer entre amis et ça fonctionne tout autant, peut-être même plus puisque tout découle d'un choix et non d'une obligation. Les traditions que je n'ai pas eues avec ma famille ont été créées avec mon groupe d'amis, et je remercie l'univers très régulièrement de les avoir mis sur ma route et de m'avoir permis de rejoindre ce clan incroyablement enrichissant justement parce qu'ils me permettent de réaliser tous mes rêves, des plus banals au plus fous, et qu'à mes yeux, ils font partie de ma famille au même titre que mes oncles et tantes. Ce n'est pas parce qu'on ne naît pas dans une smala unie qu'on ne peut pas la trouver sur sa route, même si parfois ça prend plus de temps qu'on l'aurait cru. Ça en vaut tellement la peine qu'on ne pense même plus à ses regrets quand on est dedans, mais simplement à profiter autant que possible de ce trésor que la vie nous offre.

Maintenant que je me suis bien mis la larme à l'œil en pensant à mes amis, qui, pourtant, ne célèbrent absolument pas les sabbats avec moi et se moquent de mes petits rituels et de mon amour pour les cristaux quand ils en ont l'occasion, poursuivons.

L'ARSENAL DE LA SORCIÈRE

DE QUOI A-T-ON BESOIN POUR ÊTRE UNE BONNE SORCIÈRE ?

Techniquement, de pas grand-chose. En pratique, on se retrouve bien vite forcé(e) de s'équiper d'outils qui reviennent très régulièrement dans les rituels. Ça peut prendre un peu de temps, on achète rarement tout le package d'un coup, mais une fois qu'on a tout ce qu'il nous faut, ça devient tout de suite plus agréable de se lancer dans la réalisation d'un sort. Sachez, néanmoins, qu'il n'est absolument pas nécessaire d'aller chercher les outils les plus chers, les plus beaux, qui collent le plus à l'esthétique de la sorcière telle qu'on l'imagine – on peut toujours trouver un remplacement, ne serait-ce qu'en attendant de pouvoir s'offrir ce dont on rêve, si ça nous tient réellement à cœur. Là encore, faites appel à votre imagination, vous trouverez forcément une autre option !

ATHAMÉ Principalement utilisé dans la wicca, l'athamé est un poignard ou une dague rituelle que l'on utilise pour diriger l'énergie, graver des bougies ou encore trancher des choses. Je ne suis pas wiccane, mais j'utilise une dague – achetée dans une boutique souvenirs de la cité médiévale de Carcassonne quand j'avais dix-sept ans, hein, rien de fou, c'est globalement un joli coupe-papier – pour certains rituels – et notamment pour graver des symboles sur mes bougies. Ça peut toujours servir, comme un couteau suisse. La lame est un symbole fort qui permet effectivement de mieux diriger certaines énergies ou de représenter certaines actions et intentions, donc, si vous avez la possibilité d'ajouter ça à votre arsenal, pensez-y.

AUTEL L'autel est un espace sacré sur lequel sont entreposés tous les outils rituels de la sorcière, les offrandes faites aux divinités priées, les éléments en rapport avec la saison en cours ou le sabbat à venir. Bref, c'est une fenêtre sur la pratique de son ou sa propriétaire. Il peut être visible, caché, gigantesque ou petit, selon vos préférences et la vie que vous menez. J'ai la chance d'avoir deux cheminées dans mon petit appartement, ce qui fait que j'ai deux jolis autels, un dans le salon et un dans la chambre. L'un est réservé aux aspects les plus extérieurs et matérialistes de ma vie, l'autre est pour la famille, les disparus et mon côté émotionnel.

BAGUETTE Oui, les sorcières utilisent vraiment des baguettes magiques, mais non, ça ne marche évidemment pas comme dans les films. Un peu comme l'athamé, la baguette est là pour diriger son intention, tracer certains symboles dans l'air ou au-dessus de certains éléments et aide à mieux visualiser certaines actions. Le choix de sa baguette est généralement une étape importante : bien qu'on puisse l'acheter toute faite, il est aussi intéressant de prendre le temps de « trouver » la sienne dans la nature. À vous de choisir de quel bois elle sera faite et pourquoi, si vous prenez un bâton tel que vous l'avez trouvé ou si vous prenez le temps de le tailler, d'y ajouter ou non des éléments – symboles gravés ou écrits, ficelle enroulée autour, cristal mis au bout pour faire une pointe…

BOUGIES Qu'est-ce qu'une sorcière sans bougies ? Une sorcière bien emmerdée, voilà. Difficile d'imaginer de s'en passer plus de quelques jours – personnellement, je n'en ai jamais assez. J'aimerais pouvoir les acheter en gros et les entreposer dans ma cave pour être sûre de ne jamais, jamais, jamais tomber à court de bougies. De toutes les couleurs, de toutes les formes, parfumées ou non, chandelles, votives, chauffe-plats, elles servent toutes et ont l'avantage de créer une super-ambiance, alors je ne vois pas de raison de s'en passer.

CALICE En gros, c'est un verre à pied stylé. Pensez aux coupes de vin médiévales et ça vous donne une petite idée. En vrai, c'est juste un verre, pas besoin de craquer son slip et d'aller acheter une coupe en or sertie de rubis. Le rayon vaisselle de votre magasin le plus proche fera amplement l'affaire. Comme j'aime les clichés, le mien est une coupe avec un pied en main de squelette et un liseré de petites têtes de morts, que j'ai récupéré à une soirée métal « pour la blague », sauf que maintenant c'est plus une blague du tout. Avant ça, c'était un verre à vin tout bête et ça marchait très bien. De toute façon, le calice vous servira à boire principalement, donc pas besoin de trop se casser la tête.

CHAUDRON Aujourd'hui, le chaudron de la sorcière n'est plus cette énorme boule de fonte qu'on voit dans les illustrations les plus clichées. Vous pouvez le remplacer par une marmite, une casserole, un simple bol résistant à la chaleur : en un mot, on s'adapte aux temps modernes. On peut aussi acheter un tout petit chaudron en fonte dans les boutiques spécialisées ou en ligne, ce que j'ai fait lors de mon voyage à Salem – c'est pratique, joli, et ça me permet de moudre et de cramer plein de choses sans mettre le feu à mon appartement, et ça, bah, j'aime bien.

MORTIER On a toujours besoin de réduire des petites choses en poudre, surtout quand on doit créer un mélange unifié. Ne lésinez pas sur la taille de l'engin, on peut être tenté de commencer par un tout petit mortier mignon, mais votre poignet va vite vous en vouloir, si vous n'avez pas de quoi mettre la patate dans votre geste, croyez-moi. Prenez quelque chose de solide, vous me remercierez plus tard !

PORTE-ENCENS/ENCENSOIR À moins que vous ayez des allergies ou que vous n'en supportiez pas l'odeur – ça arrive, c'est pas grave, il y a d'autres solutions –, vous allez sûrement utiliser beaucoup, beaucoup d'encens dans votre pratique. Chez moi, c'est quasiment tous les jours – parce que j'adore l'odeur, vu que je suis une énorme hippie. Il peut alors être utile d'investir dans un joli porte-encens ou, si vous aimez couvrir tous les recoins de votre domicile de cette bonne odeur, un encensoir à balancer sur votre chemin. Déjà parce que ça en jette et en plus parce que c'est quand même plus pratique que se balader avec son bâton d'encens dans une main, avec la seconde en coupe en dessous pour récupérer les cendres qui tombent.

ROBE DE CÉRÉMONIE Certains pensent qu'elle est obligatoire ou fortement recommandée, d'autres – comme moi, vous l'aurez deviné – se disent que ça dépend bien des gens, de leurs envies, de l'endroit où le rituel est pratiqué et de tout un tas de choses qui ne concernent que nous. C'est selon votre courant spirituel et vos convictions. J'utilise la mienne uniquement quand je me lance dans un rituel long, lourd, qui mérite vraiment que je me concentre fort et longtemps, ou quand j'accompagne quelqu'un dans la réalisation du sien – c'est plus convaincant qu'une sorcière en jogging, ça met tout de suite en condition. Parfois, je la mets pour moi aussi, pour me sentir plus proche de ma pratique, qu'elle se ressente à l'extérieur comme à l'intérieur, et ça me fait beaucoup de bien. C'est une jolie robe longue avec des volants et des manches très larges qui flottent au vent et qui volent derrière moi quand je marche, encore un bon gros cliché, mais qu'est-ce que ça me va bien.

Vous n'avez pas besoin d'avoir du matériel sophistiqué ou un talent artistique très développé pour être sorcière. Encore une fois : l'intention fait le plus gros du travail. Un mot peut-être une formule, les paroles d'une chanson peuvent devenir une incantation, vos symboles magiques peuvent être des formes très basiques et faciles à dessiner, vos ingrédients peuvent venir du supermarché ou du bazar du coin. L'esthétique, c'est chouette, mais ça ne fait pas tout !

LA MAGIE EST PARTOUT

Quand vous êtes sorcière, tout ce que vous faites devient magique. Le moindre geste du quotidien, la moindre action, la moindre pensée prend une tout autre dimension. Plus vous allez apprendre et pratiquer, plus vous allez le ressentir dans les choses les plus insignifiantes de votre routine. Votre corps est magique, votre cerveau, votre âme, votre conscience le sont aussi. Vous prenez une douche ? C'est pour vous purifier, vous débarrasser du superflu, nettoyer votre aura et votre vaisseau. Vous vous préparez un petit-déjeuner ? Chargez-le de toutes vos intentions pour la journée à venir et choisissez vos ingrédients en fonction de leurs correspondances magiques. Vous vous habillez ? C'est votre uniforme, votre armure, votre tenue de cérémonie, ce qui vous permettra de représenter vos intentions *via* votre expérience. Tout peut être vu à travers le prisme de la sorcellerie, si on cherche un peu. Parce que tout est magique.

Le monde est magique, la science est magique, les astres sont magiques, les gens sont magiques, la pluie est magique, votre sommeil est magique, vos paroles sont magiques.

C'est là toute la force de la sorcière : être capable de récolter les fruits de l'univers dans son panier pour en faire des outils pour sa pratique. Le pouvoir de voir ce que les autres ne discernent pas dans les petites choses qui nous entourent. La conscience d'un autre pouvoir, plus grand que le nôtre, qui nous dépasse mais qui nous porte aussi, et la capacité à en tirer le meilleur. C'est ce qui vous permet de reprendre le contrôle quand vous pensez que tout vous échappe, que le monde va trop vite et que vous êtes trop petit(e) pour agir – la sorcellerie vous rappelle que vous avez le pouvoir, à votre échelle, de changer les choses et de passer à l'acte. De concrétiser vos désirs, vos envies, vos intentions. Ce pouvoir est en vous, mais aussi tout autour de vous, et c'est ce qui rend ce mode de vie si grisant, si apaisant et si satisfaisant. Nous avons tout un attirail d'outils à notre disposition, le monde moderne nous permet d'agir de tout un tas de façons différentes sur notre vie et celle des autres. Et certaines de ces choses sont là depuis la nuit des temps, elles attendent simplement qu'on en prenne conscience et qu'on les utilise.

Pour trouver la magie dans votre univers, il vous suffit de vous en remettre à vos cinq sens, car il y en a partout. Dans le changement des saisons, le doux pelage d'un animal, la première gorgée d'eau quand on est assoiffé, la lune qui illumine le ciel la nuit, le chant des oiseaux, le sourire d'un être aimé, un joli compliment, la satisfaction du travail bien fait, le flot d'êtres humains qui vont et viennent chaque jour et qu'on croise sans y faire attention. Écoutez, regardez, sentez, touchez, goûtez.

EFFET PLACEBO ?

Ceux qui cherchent à calmer tous les adeptes d'une spiritualité un peu alternative évoquent souvent le phénomène de l'effet placebo. Et si tout ça n'était qu'une conviction de l'esprit, que ça ne fonctionnait que parce que des gens y croient dur comme fer? S'il n'y avait rien de magique, de mystique, d'inexplicable, et que ce n'était qu'une histoire d'autopersuasion? C'est parfaitement plausible, en effet. Si on cherche à tout rationaliser, c'est la conclusion à laquelle on arrive assez facilement, sans trop pousser la réflexion. Ça semble évident pour beaucoup. C'est comme la pensée positive, le fait de s'ancrer dans la réalité, de projeter de bonnes «ondes» pour s'en attirer en retour. Croire en sa chance, c'est la provoquer. Si on part gagnant, on a plus de chances de réussir que si on mise sur un échec avant même de se lancer. C'est peut-être pareil pour la sorcellerie, qui sait.

En ce qui me concerne, je suis partagée. Mon esprit rationnel mise sur une part d'effet placebo, mais je crois aussi sincèrement qu'il y a des choses qu'on s'explique moins facilement. Et j'aime mes croyances, j'aime le monde dans lequel je vis, j'aime croire à la magie, aux esprits, aux mélanges d'ondes, de flux et d'énergies. J'aime croire que quelque chose m'écoute, quelque part. J'appelle ça «l'univers» pour rester vague parce que je n'ai pas de divinité attitrée, mais ça me plaît d'imaginer cette force cosmique recevoir mes intentions, mes prières, mes rêves, mes peurs et mes envies.

C'est la racine de toute spiritualité, l'idée que nous ne sommes pas seuls, qu'il y a quelqu'un ou quelque chose pour veiller sur nous, nous écouter. C'est rassurant, apaisant, ça donne un sens à plein de choses qui semblent ne pas trop en avoir. Mais oui, peut-être que ce n'est que dans ma tête, et alors? Quand bien même ce serait le cas, ça ne change strictement rien. Si ceux qui me regardent faire sans y croire me trouvent naïve et immature, qui suis-je pour tenter de les convaincre? Je débats avec eux, je leur donne raison, autant que je peux, et la conclusion est toujours la même: à qui ça fait du mal? Personne. À qui ça profite? À moi, déjà, mais aussi aux gens qui me rejoignent dans ma spiritualité, ceux avec qui j'échange, ceux à qui j'offre mes petits charmes magiques infusés de mes plus belles intentions pour tenter d'apporter un peu de joie, de bonheur et de protection à leur vie. Personne n'en souffre, je n'arpente pas les rues avec une cloche pour tenter de convaincre et de convertir les passants, je ne juge jamais ceux qui croient à autre chose ou à rien du tout, bien au contraire.

Une grande partie de ma famille s'est convertie au christianisme au fil des années, et ça ne me viendrait pas à l'esprit de les juger. Je sais à quel point cette foi est importante pour eux, combien ça les rend heureux, et je m'en réjouis. Ce n'est simplement pas la mienne – c'est pas faute d'avoir essayé, pour voir, quand j'étais adolescente. Nos valeurs, nos principes et nos motivations sont à peu près les mêmes, sauf qu'on ne fait pas les choses pour la même entité, ni de la même façon. Pour eux, il y a aussi un paradis à la clé, pour moi, je n'en sais rien, mais je le vis bien. La foi est une affaire très personnelle, et il sera toujours difficile de faire «entendre raison» à ceux de l'autre camp, si la conviction n'est pas là – et c'est tant mieux. Du moment que ça ne devient pas un prétexte à la violence, au rejet et à l'intolérance, vous pouvez bien croire en tout ce que vous voulez, si ça vous fait du bien et que vos motivations sont sincères et ancrées dans une démarche de bien-être.

Il y aura toujours des charlatans, dans tous les milieux. Il y aura toujours des gens pour profiter de la misère, du malheur et de la naïveté des autres. Mais il n'y a pas que cela.

J'ai un cercle social constitué en majorité de personnes athées, extrêmement rationnelles et assez hermétiques à tout ce qui me touche. C'est un fait que je comprends et que je respecte. C'est aussi la raison pour laquelle j'ai longtemps caché ma pratique. J'avais peur des moqueries, de devoir sans cesse me justifier, de passer pour une allumée, et c'est pour ça que je suis heureuse de voir toutes ces foules de sorcières sortir du bois petit à petit. Ça m'a permis de découvrir qu'il y en avait autour de moi et que certains de mes proches étaient même capables de changer d'avis sur la question, de mieux me comprendre, et de bénéficier de mes petits rituels en cas de besoin.

Donc oui, peut-être que tout ça n'est que dans ma tête. Et dans la vôtre. Et dans celles de milliers d'autres personnes pour qui ça fonctionne et à qui ça apporte du bonheur et un contrôle nécessaire sur une existence qui nous échappe souvent. Et alors? Ça ne nous empêche pas d'avoir un minimum de jugeote et de faire attention à ceux qui cherchent à nous vendre des objets magiques à trouze mille euros en nous jurant que : « Si, si, c'est celui-ci qui fonctionne, pas les autres, si tu utilises les autres, tu vas être maudit sur trois générations, crois-moi, mets ton argent là-dedans et tu seras heureux pour toujours ! » Gardez un peu de méfiance, un peu de recul, et n'oubliez pas d'avoir confiance en votre pouvoir et vos capacités, le reste n'est qu'accessoire.

QU'EST-CE QU'UN SORT ?

Tout au long du livre, vous entendrez parler de sorts et de rituels, jusqu'à ce que je vous donne quelques recettes pour réaliser les vôtres. Mais qu'est-ce qu'un sort exactement ? En quoi consiste un rituel ? Est-ce que ça marche à tous les coups ?

Mes sorts fonctionnent parce que j'y crois. Quand ils ne fonctionnent pas, je trouve toujours une explication : je n'étais pas sincère dans ma démarche, j'ai douté, j'ai merdé quelque part ou l'univers cherche tout simplement à me dire que ce n'était pas la bonne façon de faire, que ça n'avait pas lieu d'être, et que mon chemin devait être différent.

Réaliser un sort, c'est manifester une intention. En « jetant » un sort, vous communiquez vos envies à l'univers en visualisant le processus et le résultat espéré et vous lui demandez – à lui ou à la divinité que vous priez – de bien vouloir vous filer un petit coup de pouce dans votre quête. Un sort ou un rituel vous permettent de canaliser l'énergie nécessaire pour matérialiser votre intention et attirer ce dont vous avez besoin. Évidemment, ce n'est pas un joker pour tricher au grand jeu de la vie, ça ne vous apportera pas fortune, gloire et beauté du jour au lendemain, pas plus que ça ne vous permettra de devenir maître du monde, mais ça vous aidera sans doute à améliorer votre qualité de vie, à votre échelle. Tout est une question de proportion : en acceptant votre place dans l'univers, vous acceptez aussi votre statut et l'idée que votre vie n'a pas plus de valeur que celle de votre voisin. Vous faites partie d'un tout, et il serait malvenu de tenter d'utiliser cette énergie pour écraser le reste du monde et faire de vous un titan – disons que ça ne colle pas trop à la définition de cette spiritualité alternative qu'on appelle « sorcellerie ». Encore une fois, les pratiques sont variées et les personnalités impliquées aussi, et il y aura toujours des gens qui utiliseront tous les outils à leur disposition pour œuvrer pour ce que d'autres appelleront « le mal », et dont le but sera de nuire plus que de guérir. C'est la nature humaine.

Un sort peut prendre tout un tas de formes. Il peut être très complexe, avec beaucoup d'ingrédients, une contrainte d'emploi du temps – pendant une pleine lune ou un sabbat, par exemple – ou de lieu, d'étapes à suivre et de choses à retenir, mais il peut aussi être tout bête et nécessiter une simple bougie blanche et une incantation. Ça varie selon l'objectif du sort et l'intensité du besoin : plus la requête est importante, plus il faudra monter en intensité pour bien concentrer toute son énergie dans la manifestation de son désir. Ça peut dépendre aussi de votre état physique ou psychologique. C'est pour ça qu'il est important d'être à l'écoute de son corps et de son mental lorsqu'on se lance dans une pratique concrète, pour éviter de brouiller les signaux, de s'épuiser ou de se faire plus de mal que de bien.

Un sort, ça peut être aussi simple que réunir certains ingrédients dans un petit sachet en toile que l'on glissera sous son oreiller. Ça peut être préparer une excursion dans l'espace vert le plus proche pour conduire une cérémonie à minuit pile un soir de pleine lune, un sac plein de matériel et d'ingrédients sur l'épaule. Ça peut être une incantation récitée devant une bougie posée au milieu d'un cercle de sel. C'est aussi jeter quelques herbes et huiles dans l'eau de son bain et s'y plonger en visualisant les effets que le mélange aura sur soi. C'est dessiner un symbole sur la semelle de ses chaussures ou au-dessus de sa porte d'entrée. Ça peut être enchanter un bijou pour lui donner des propriétés particulières qui seront activées chaque fois qu'il sera porté. C'est chuchoter un mot dans le noir en y mettant toute son énergie.

Lorsqu'on part du principe que la magie est partout, fait partie de nous et du monde qui nous entoure, on finit par comprendre que tout peut être un sort. Lorsqu'on souhaite une bonne journée à quelqu'un, qu'on dit merci, qu'on fait un compliment, qu'on jette un « bon rétablissement ! », ce sont des petits sorts, puisqu'ils transportent une énergie positive qu'on essaye de transmettre à quelqu'un d'autre. Quand on lance un regard noir à la personne qui nous a bousculé dans le métro et qu'on l'insulte dans sa tête, on envoie de l'énergie négative dans sa direction – ou on s'en met soi-même plein la tronche, selon les points de vue. Une fois que vous commencez à inclure cette pratique dans votre quotidien, vous la voyez partout. Vous l'utilisez partout, aussi. Vous la transmettez, vous la travaillez, vous l'aiguisez, vous la faites grandir. À force, vous ferez de plus en plus attention à votre attitude, aux mots que vous utiliserez, vous vous concentrerez de plus en plus sur les petites choses, celles qu'on ne remarque plus, pour les utiliser à votre façon.

Oui, les sorts et les rituels peuvent être complexes et ardus, oui, ils peuvent demander un certain niveau de connaissance et d'expertise, mais il existe aussi mille autres façons de mettre de la magie dans votre vie de tous les jours de façon simple et efficace.

AVANT DE VOUS LANCER

Bien que parfois l'envie d'agir soit si forte, qu'on soit tenté de brûler les étapes et de passer directement aux choses sérieuses, mieux vaut prendre le temps de vérifier que les conditions sont bonnes avant de risquer de faire n'importe quoi. D'abord, parce qu'il y aura plus de chances que les résultats soient satisfaisants si tout est fait dans le bon ordre. Ensuite parce que les conséquences risquent d'être gênantes si on ne fait pas attention – vous ne courez pas le risque d'invoquer un démon de la destruction et de provoquer la fin du monde, si vous faites un sort en étant un peu fatigué(e) ou en colère, n'exagérons rien, mais ça peut générer de l'énergie négative et vous revenir un peu dans le coin de la tronche, alors qu'à la base vos intentions étaient plutôt positives.

DANS QUEL ÉTAT ÊTES-VOUS ?

Avez-vous l'esprit clair et limpide ? Êtes-vous calme ? Ressentez-vous des émotions négatives ? Êtes-vous fatigué(e) ? Il est important de vous poser ces questions avant de vous mettre en action. Si vous n'êtes pas sûr(e) de vous, prenez un moment pour vous ressourcer, essayez de vous détendre, de méditer si vous savez faire, prenez une douche, faites un petit check-up mental et physique. Prenez les mesures nécessaires pour vous mettre en condition en fonction de votre énergie, mais évitez de vous lancer tête baissée dans un rituel ou un sort si vous êtes un peu à l'ouest, déconnecté(e) de votre pratique et de l'univers, ou trop encombré(e) d'émotions négatives.

Avez-vous tout le matériel sous la main ?

Ça nous arrive pratiquement à tous, on se lance dans un rituel un peu complexe, on passe la première étape, puis la deuxième, la concentration est là, l'énergie est présente, tout est bon... Sauf qu'au moment de passer à la troisième étape, on se rend compte qu'il nous manque un élément majeur pour continuer et il faut tout interrompre pour mettre la main dessus. Résultat : c'est foutu, il faut recommencer. Si certains sorts peuvent se remettre de telles interruptions, la plupart risquent d'être fortement altérés, puisque votre concentration est rompue, emportant toute votre énergie, votre intention, votre visualisation et tout ce qui fait que le rituel a le plus de chances de marcher. Et ça, ça fout les boules, donc, autant s'éviter une telle perte de temps et bien faire l'appel avant de commencer, ça vous évitera des déceptions.

Croyez-vous en ce que vous faites ?

Ça peut paraître évident, dit comme ça. Si vous vous lancez dans un sort, c'est qu'en théorie vous croyez à son efficacité, mais la réalité est bien plus nuancée que ça. Oui, en théorie, on y croit. Dans l'absolu, on y croit. Parfois, lorsqu'on prépare un sort pour une intention particulière, on pense au résultat et une petite voix murmure au fond de nous que ça ne marchera pas. Surveillez cette petite voix : c'est une des raisons principales pour lesquelles certains sorts échouent. Si vous ne croyez pas à 100 % à la possibilité de réussite de votre sort, votre intention s'en retrouvera « polluée » et l'univers va vous griller en moins de deux. Vous avez le droit de douter, vous avez le droit de vous dire que bon, ça se tente, mais c'est pas gagné, c'est différent de cette petite voix qui tue tout espoir. Le doute est sain, c'est lui qui nous ouvre toutes les portes, c'est parce qu'on laisse place au « peut-être » qu'on se retrouve si bien dans le milieu de la sorcellerie. Mais ne le confondez pas avec votre peur de l'échec, votre syndrome de l'imposteur, votre juge intérieur parfois si cruel et si pessimiste qu'il arrive à vous convaincre des pires choses vous concernant. Lui, vous pouvez le bâillonner sans culpabiliser. Ne le laissez pas se mettre en travers de votre pratique.

Êtes-vous dans le bon environnement ?

Bien qu'on puisse techniquement pratiquer la sorcellerie partout, la majorité des sorts nécessitent quand même – en plus d'avoir un bon état d'esprit – de se trouver dans le bon environnement. Puisqu'on joue avec les énergies et les forces de l'univers, il vaut mieux bien délimiter son territoire avant de commencer. Vous sentez-vous en sécurité ? En confiance ? Sans perturbation inhabituelle ? Prenez le temps de purifier votre espace, même si c'est en agitant un petit bâton d'encens avant de commencer, en tapant dans vos mains ou en faisant sonner une cloche. Visualisez toutes les ondes négatives et globalement inutiles à votre sort se faire la malle sous vos protestations.

Prenons un exemple concret : imaginez que vous avez une lettre à rédiger et qu'il vous faut pour cela vous asseoir à votre bureau, mais qu'il est recouvert de bazar, de livres, de carnets, de feuilles et d'autres objets divers et variés, sans un centimètre de surface de libre. Qu'allez-vous faire ? Tenter de mettre votre feuille en équilibre sur cette pile pour rédiger votre lettre ou tout débarrasser et mettre un peu d'ordre avant de commencer ? Bon, là, c'est pareil, il faut faire un peu de ménage. Préparez votre espace, purifiez-le, rangez un peu, nettoyez si besoin. Il faut que vous vous y sentiez bien, qu'il y ait de la place pour que votre intention s'exprime et se manifeste.

Où trouver son matériel ?

Bien qu'on soit beaucoup à avoir grandi en voyant des boutiques ésotériques absolument incroyables sur nos écrans, dans nos films et séries préférés, la réalité est bien souvent décevante. Il y en a, notamment aux États-Unis, mais la France est encore un poil en retard sur la question. Il existe quelques librairies, des boutiques de cristaux ou spécialisées dans la sorcellerie afro-caribéenne, mais rien qui ne rassemble tout ce dont on a besoin au quotidien dans notre pratique. Alors, en attendant que ça devienne une réalité, il faut bien faire ses emplettes quelque part. Et c'est probablement la question qu'on me pose le plus souvent, plein de gens se découragent en voyant les prix en ligne, quand ils dégottent ce qu'ils cherchent – encore faut-il avoir les mots-clés et les bons tuyaux !

Voici donc quelques pistes pour se constituer un arsenal digne des plus grandes sorcières sans y perdre un organe et sans avoir à faire 8 000 km en trottinette pour y arriver.

EBay / Etsy. Pour les bonnes affaires, les petits créateurs et la récup, il n'y a rien de mieux qu'un petit tour sur l'une de ces deux plateformes pour trouver son bonheur. EBay permet notamment de dénicher beaucoup de basiques à petit prix – idéal pour créer son arsenal de base sans se ruiner. Et sur Etsy, avec les bons mots-clés, vous découvrirez bien vite une grande communauté de sorcières et autres représentants des mouvements néopaïens qui vendent absolument tout ce dont on peut avoir besoin : des herbes en passant par les bougies, les cristaux, les grimoires, les kits tout faits ou encore les outils divinatoires. C'est d'ailleurs là que j'achète mes herbes qui me sont envoyées par lots de cinquante dans des petits sachets étiquetés, prêts à l'emploi. Pensez toujours à bien lire les avis sur chaque vendeur avant de vous lancer !

Les bazars. Vous voyez ce bazar que vous croisez quasiment tous les jours sur votre route et dans lequel vous n'entrez jamais parce qu'*a priori* vous n'avez pas besoin d'un lot de quinze serviettes de bain ou d'une batterie de cuisine à moins de 50 euros ? Entrez-y. Fouillez. Regardez bien partout. Vous y trouverez certainement des trésors. Déjà parce qu'en tant que sorcière, on a toujours besoin de bons ustensiles – passoire, boule à thé, allume-gaz, écumoire, entonnoir et j'en passe – et que vous les obtiendrez très facilement dans les rayons maison, mais aussi parce que vous serez très certainement surpris des connexions que votre cerveau sera capable de faire. À première vue, certains objets n'ont pas grande utilité, mais quand on commence à les voir à travers le prisme de notre pratique, ils prennent une dimension tout à fait différente et deviennent soudain indispensables. Faites donc confiance à votre instinct. Et puis, au pire, vous vous y procurerez au moins des stocks de bougies blanches et ça, c'est toujours bon à prendre.

Le supermarché. Pas besoin d'aller chercher très loin pour certains éléments. Que vous ayez besoin de gros sel, de sauge, de bougies, d'eau de rose ou de charbon, il y a de très fortes chances pour que vous trouviez votre bonheur au supermarché du coin. Pour des produits un peu plus ciblés et plus naturels, n'hésitez pas à aller fouiller dans les rayons du supermarché bio le plus proche, on y déniche souvent des trésors insoupçonnés – et globalement de très bons produits. S'il y a certaines choses que vous ne pensiez trouver que sur Internet, votre repère de hippies risque de vous surprendre !

La nature. Accessible 7/7, 24/24 et totalement gratuite, elle reste une alliée imparable pour bien des choses. Que vous cherchiez des plantes, des fleurs, des racines, des plumes, des branches, des cailloux, des châtaignes ou que sais-je encore, n'hésitez pas à aller faire un tour dans un espace vert pour faire le plein.

N'oubliez pas de remercier la nature pour tous ses dons et de lui faire honneur en la respectant pendant vos récoltes, ce serait dommage de vous la mettre à dos.

Les brocantes et vide-greniers. Pour des objets un peu singuliers, avec du caractère et ce petit truc en plus qui les rendra uniques, faites le tour des vide-greniers des environs ! Que vous partiez avec une quête précise en tête ou que vous fassiez le choix de vous laisser surprendre par vos trouvailles en cours de route, il est facile de trouver des trésors intéressants quand on fouine dans les affaires des autres. Pour les plus vieux objets, essayez de vous renseigner sur leur histoire auprès de leurs anciens propriétaires si vous le pouvez, vous en apprendrez peut-être de belles sur vos futurs outils de travail. Mais n'oubliez pas qu'il vaut toujours mieux les purifier avant de vous en servir, histoire de bien vous les approprier et de ne pas risquer de vous trimballer les énergies de quelqu'un d'autre en plus des vôtres. Ça risque de devenir un poil étouffant et de brouiller les signaux, à force.

Emmaüs / Armée du Salut. Encore une bonne astuce pour les budgets limités et les économes, puisqu'on y obtient absolument de tout à des prix très souvent minuscules. Je me fais souvent des après-midi chasse au trésor chez Emmaüs et il est rare que j'en ressorte les mains vides ou avec une addition finale excédant les 30 euros (avec des sacs pleins de toutes sortes de choses). J'y ai trouvé des livres, des bougeoirs, des coupelles, des vases, des fioles, des stocks de bougies, d'encens, des petites boîtes, des ustensiles en tout genre qui me servent assez régulièrement pour justifier qu'ils viennent encombrer mon petit studio. Il faut avoir la patience de fouiller et de se mettre de la poussière plein les sinus, mais le résultat est tellement satisfaisant qu'on oublie vite les petits désagréments qui viennent avec.

Les magasins spécialisés. Et évidemment, malgré toutes ces astuces, ne négligez pas pour autant les boutiques spécialisées, qu'elles soient physiques – si vous avez la chance d'en avoir près de chez vous – ou en ligne – avec plus de choix, généralement. Parce que si vous pouvez acheter une très grosse partie de votre matériel dans les lieux présentés ci-dessus, il y a certaines choses que vous ne pourrez vous procurer que dans des boutiques spécialement conçues pour les gens comme nous. N'hésitez pas à aller vous promener sur les différentes boutiques ésotériques en ligne pour étudier les choix, les prix, le montant de la livraison et évidemment les avis des clients, et demandez aux sorcières qui vous entourent de faire tourner leurs bons plans si elles en ont !

À force d'y penser, vous verrez que ça deviendra un réflexe : partout où vous irez, vous chercherez un lien avec votre pratique et vous trouverez de plus en plus de lieux stratégiques pour vous équiper sans trop vous prendre la tête et sans y perdre toutes vos économies. Il se peut que vous arriviez même à regarder chaque objet en vous demandant s'il pourrait vous servir dans un rituel. Il y a quelques jours, j'ai passé trois heures à me demander si ça valait le coup de garder un bouton de chemise retrouvé au fond d'un vide-poches, « au cas où », et à faire des recherches sur l'utilisation des boutons dans la sorcellerie avant d'admettre que ça allait trop loin et d'oser enfin le jeter.

Ce qui est sûr, c'est que vous n'avez pas besoin de vous ruiner pour être légitime. Libre à vous de dépenser de grosses sommes si vous pouvez vous le permettre et que ça vous fait plaisir, mais n'y voyez pas un gage de supériorité. Comme pour l'aspect esthétique, ce n'est pas parce que quelque chose est plus beau ou plus cher que ça fera de vous une meilleure sorcière – et encore heureux. Faites comme vous le pouvez, comme vous le voulez, selon vos moyens, vos envies et vos convictions, mais ne vous rajoutez pas une pression supplémentaire sur cet aspect-là alors que ça ne veut pas dire grand-chose. Vous êtes légitime, avec ou sans grimoire en cuir de minotaure bordé de toison d'or.

Créer son propre grimoire

Quand on pense aux sorcières, quelques objets nous viennent tout de suite en tête – et parmi eux, il y a bien évidemment le grimoire. On s'imagine bien souvent un gros volume en cuir relié, avec quelques ornements en fer forgé et peut-être deux ou trois pierres précieuses sur la couverture, tant qu'à faire, et des pages écrites à la plume ornées d'enluminures. Alors, c'est sûr, ça fait rêver, mais concrètement c'est pas forcément à la portée de tout le monde. Ça nécessite de l'argent – parce que oui, ça existe, une petite recherche sur Internet vous ouvrira les portes de boutiques en ligne spécialisées dans la confection de grimoires « à l'ancienne » qui coûtent bonbon et qui sont absolument sublimes –, du temps, du talent aussi hein, faut pas se leurrer, et tout le monde n'a pas le package complet à sa portée. Donc, bien souvent, on fait avec les moyens du bord.

Mes grimoires, par exemple, sont de simples carnets achetés au rayon papeterie des magasins qui croisent ma route. Pour peu qu'ils ne soient pas trop moches, qu'ils aient des pages lignées et un papier pas trop pourri et hop, ça tombe directement dans mon panier. À l'intérieur, on trouve très peu de tralalas, si ce n'est dans les titres qui sont généralement écrits aux stylos à encre gel parce que j'ai toujours huit ans d'âge mental, tout simplement parce que je suis nulle en dessin et que je n'ai absolument pas la patience de faire un truc chiadé. Et ça me suffit amplement. C'est clair, je m'y retrouve, j'ai ce qu'il faut sous la main, et en plus ça a l'avantage d'être très facile à glisser dans un sac et de passer complètement inaperçu. Qui se douterait que derrière cette couverture holographique et pailletée se dissimulent tous mes petits rituels ?

Je ne vous cacherai pas que j'ai mis un moment avant de faire le deuil de l'image que je me faisais d'un grimoire pour accepter comment seraient les miens, puis j'ai fini par en avoir marre d'attendre « le bon » et j'ai sorti un des nombreux carnets vierges qui traînent dans mon placard pour me lancer. Depuis, j'en ai rempli quatre, sans compter tout ce que j'entrepose dans mon ordinateur, et ça me va très bien comme ça.

Certains choisissent d'avoir un grimoire entièrement numérique – soit en ligne, sur un blog, soit dans un logiciel de traitement de texte ou de prise de notes. Vous pourrez ensuite le glisser sur une clé USB que vous mettrez dans votre sac pour vous assurer d'avoir toujours votre grimoire sur vous. Il est également possible d'utiliser un service qui permet de synchroniser votre contenu sur plusieurs appareils, afin de pouvoir accéder à vos documents de n'importe quel ordinateur ou de votre téléphone portable.

Je suis sûre qu'il existe d'autres options auxquelles je n'ai pas pensé, n'hésitez pas à innover et à vous approprier le concept. En théorie, ce grimoire n'appartient qu'à vous et ne sera vu que par vos yeux, c'est donc à vous et à vous seul(e) qu'il doit convenir. Ne vous mettez pas la pression à cause des photos qui peuvent traîner sur le Net, montrant des grimoires parfaits, jolis, avec une esthétique léchée et sophistiquée : si c'est dans vos cordes et que vous y prenez du plaisir, faites pareil, mais n'en faites pas un impératif. Détendez-vous, personne ne vous jugera.

LES SECTIONS D'UN GRIMOIRE

À titre purement indicatif, je mets ici un buffet à votre disposition, en reprenant les éléments « classiques » qu'on retrouve couramment dans la majorité des grimoires personnels. Prenez tout, prenez-en deux ou trois, modifiez ce que vous voulez, libre à vous de l'adapter à vos besoins et vos convictions.

LA PAGE DE PRÉSENTATION

La première page de votre grimoire peut avoir plusieurs utilités : introduire l'ouvrage de façon esthétique, rappeler à qui il appartient, mettre en garde les fouineurs qui l'auraient ouvert sans votre autorisation, constituer un sort en elle-même.

En effet, certaines sorcières aiment prendre les devants et tenter de protéger au maximum les informations contenues dans leur grimoire en armant la première page d'une protection magique éloignant tout lecteur mal intentionné ou non autorisé. Cette protection peut prendre la forme d'un symbole, d'une incantation, d'une mise en garde textuelle, ou peut être le résultat d'un rituel exécuté directement sur l'ouvrage et ses pages. Vous pouvez même créer votre propre sceau à l'aide d'un bâton de cire et d'une aiguille pour y graver votre symbole – le sceau signifiant déjà la fermeture et le secret, il n'y a plus qu'à lui ajouter un petit coup de pouce avec un signe renforçant cette intention.

VOTRE PROFIL

Pour introduire l'ouvrage et vous permettre de surveiller votre évolution potentielle dans le temps, vous pouvez commencer tout simplement par vous présenter. Alors, certes, cette présentation n'a pas pour but d'être lue par quelqu'un d'autre que vous – en théorie –, voyez ça comme un petit bilan de compétences, un point de repère pour vous recentrer lorsque vous sentez que vous vous égarez un peu.

Quel genre de sorcière êtes-vous? D'où vous vient votre pratique, votre spiritualité? Quelle définition donneriez-vous à cette spiritualité d'ailleurs? Comment a-t-elle commencé? Qui vous a initié? Avez-vous appris seul(e)? Est-ce que vous incorporez des divinités à votre pratique? Si oui, lesquelles? Quelles sont leurs particularités? Qu'est-ce qu'elles vous inspirent?

Adaptez ce bon vieux cliché du «portrait chinois» à votre profil de sorcière et listez ce qui vous correspond le plus: Quel élément? Quel animal? Quelle planète? Quel signe astrologique? Quelle phase de la lune? Quel cristal? Quel arbre?

Les possibilités sont infinies, à vous de voir ce qui compte le plus pour vous – si vous ne trouvez pas de réponse à la question pour un élément, laissez-le tomber pour le moment, rien ne sert de forcer. Laissez un peu de place pour y revenir plus tard, si jamais ça vous vient et qu'une connexion se fait. S'il y a plusieurs éléments pour chaque catégorie, lâchez-vous, listez-les tous. Le but n'est pas de réduire ce que vous êtes à un seul élément, mais de vous donner quelques clés pour aiguiser votre pratique personnelle.

LES NOTES DE JOURNAL

Votre grimoire peut aussi servir de journal de bord, si vous souhaitez qu'il soit plus personnel et moins encyclopédique. N'hésitez pas à noter, lorsque vous exécutez un rituel, en détail le déroulement de l'action puis, plus tard, les résultats obtenus. Si vous le refaites et que vous obtenez un résultat différent, ça vous permettra peut-être de comprendre ce qui s'est passé.

Chaque fois que vous mettez toute la théorie entreposée en pratique, racontez-le dans votre grimoire. Notez tous les petits détails – la date, l'heure, la phase de la lune, les éléments astrologiques qui vous paraissent pertinents – et racontez ce qui s'est passé. Faites des comptes rendus de vos cérémonies à plusieurs, si vous en faites. Notez votre évolution, le résultat de votre tirage de cartes, ce que vous avez réussi à incorporer de magique à votre routine matinale, nocturne, créative…

LES RÉFÉRENCES ET CORRESPONDANCES

Le plus important lorsqu'on doit créer un sort, un rituel, ou juste trouver le bon outil pour nous aider dans une tâche ou une épreuve particulière, c'est d'avoir les correspondances en tête. Si je vous dis « protection », vous devriez avoir déjà quelques idées en tête. Si je tente l'exercice moi-même, voici ce qui me vient tout de suite : la couleur noire, la sauge, la tourmaline, le feu, le sel, ou encore la pleine lune, par exemple. Rien qu'avec ça, j'ai quelques outils à portée de main pour créer quelque chose de personnel pour me protéger. Au hasard : une bougie noire dans un cercle de sel avec laquelle je ferais brûler un peu de sauge un soir de pleine lune pour me protéger des énergies négatives et purifier mon espace de vie.

Une fois que vous avez les correspondances en tête, vous avez déjà fait une bonne partie du travail théorique. Il est donc assez important de les noter, en essayant de les classer – soit par catégorie : couleurs / phases de la lune / plantes, etc., soit par intention : amour / chance / protection… – de façon à ce que ce soit plus facile pour vous de vous y référer le moment venu.

C'est l'occasion aussi de noter toutes les références théoriques auxquelles vous pouvez penser : la signification des arcanes majeurs du tarot, comment lire la flamme d'une bougie, le sens de chaque rune nordique, les petits tutos pour fabriquer votre propre dagyde, les choses à mettre sur votre autel en fonction des sabbats... Là encore, les possibilités sont multiples et à l'image des différentes pratiques.

LES SABBATS

Si vous célébrez les sabbats, listez-les un par un et notez leurs correspondances, leur signification à vos yeux, leurs dates, et la façon dont vous les célébrez. Notez des recettes, des sorts et des rituels propres à chacun, qui viendront alimenter votre pratique régulière.

INTERPRÉTEZ VOS RÊVES

Cette partie pourrait être dans un tout autre carnet, mais elle a également sa place dans votre grimoire. Chaque matin, lorsqu'un rêve vous a marqué, que son sens vous semble clair ou vous échappe, racontez-le en quelques mots. Relevez les symboles forts du rêve avant de vous référer à un guide d'interprétation – ou à votre interprétation personnelle – pour tenter d'y déceler quelque chose. Vous avez rêvé qu'un serpent passait entre vos pieds ? Que vos dents tombaient ? Que votre porte d'entrée s'ouvrait toute seule ? Qu'un papillon se posait sur votre front ? Il y a sûrement quelque chose à comprendre dans tout ça. Toujours avec la date et les détails du jour, gardez une trace de tout ce que votre cerveau – et vos guides – tente de vous dire lorsque vous dormez, peut-être y trouverez-vous des réponses à certaines de vos questions...

VOTRE LIVRE DE RECETTES

Enfin, le cœur de votre grimoire : c'est là que vous entreposerez vos recettes les plus spéciales, vos rituels, vos sorts, vos potions, vos petites fioles, vos incantations, tout ce qui se rapporte à la pratique pure de votre spiritualité y sera confiné bien au chaud.

Là encore, pas de limites : vous pouvez y écrire vos propres créations, mais aussi celles des autres, trouvées dans des livres, des grimoires, sur des sites et des blogs, peu importe, du moment que ça vous parle et que ça marche. Il n'est pas obligatoire non plus d'y copier que ceux qui ont déjà été testés, vous pouvez faire du stock avec des choses trouvées ailleurs qui pourraient vous servir un jour, ou si jamais vous avez un éclair soudain d'inspiration pour un sort dont vous n'avez pas besoin tout de suite mais qui pourrait s'avérer utile à l'avenir. Comme ça, le jour venu, vous n'aurez qu'à feuilleter votre grimoire pour trouver exactement ce dont vous avez besoin au lieu de passer des heures à chercher ce qu'il vous faut.

Comme pour les correspondances, à vous de décider quel système de classement vous utiliserez pour mieux vous y retrouver. Personnellement, je n'ai jamais eu la patience de planifier une organisation à l'avance et je note donc les choses chronologiquement, comme je les trouve ou comme elles me viennent –, du coup j'essaye de numéroter les pages et d'ajouter au moins une table des matières au début, même si c'est sur une feuille volante glissée dans le carnet, pour gagner un peu de temps quand je cherche quelque chose de précis.

Tout ça, c'est pour le côté «basique» du grimoire : ce qu'on retrouve le plus souvent, qui est facile à mettre en place et à s'approprier. Il existe des milliards de possibilités, si vous souhaitez le personnaliser encore plus et en faire un ouvrage riche et varié, laissez votre imagination s'emporter, tentez des trucs, copiez les autres, faites ce que vous voulez mais faites-le vôtre.

Voici, en vrac, quelques idées de choses à ajouter dans votre grimoire :

★ Les symboles et glyphes représentant les éléments, les planètes, etc.

★ Vos recettes préférées : potions, lotions, plats, soins du corps – bref, tout ce que vous concoctez à la maison et qui a une portée plus ou moins magique, pour ne rien oublier.

★ Une planche de lecture pour votre pendule.

★ Les incantations et mantras que vous utilisez régulièrement.

★ Les intuitions, visions, prémonitions que vous pensez avoir eues.

★ Les mythes et récits folkloriques liés à votre culture ou à votre région.

★ Vos traditions familiales ou personnelles.

★ Votre propre alphabet. Si vous souhaitez rendre certains de vos écrits secrets, vous pouvez créer votre alphabet avec des symboles de votre création – n'oubliez pas d'en écrire la correspondance dans votre grimoire pour pouvoir vous relire.

★ Le compte rendu de vos séances de divination ou de méditation.

★ Le récit de vos communications avec les esprits – connus ou inconnus.

★ Les phases de la lune et les dates des sabbats pour l'année en cours.

★ La liste de vos ouvrages de référence.

★ Les différentes façons d'honorer les divinités qui vous sont chères.

★ La description de votre autel chaque fois que vous changez sa décoration et sa disposition – vous pouvez aussi y coller sa photo ou le dessiner.

★ Des plantes et fleurs séchées.

★ Le résumé de votre thème astral.

★ Le profil des gens qui vous inspirent au quotidien, qu'ils soient réels ou fictifs, pour expliquer pourquoi, leur impact, ce qu'ils vous apportent…

★ Tout ce qui vous évoque la magie – les odeurs, les couleurs, les sensations, les moments du quotidien…

★ Les lieux magiques que vous avez visités ou souhaitez visiter.

COMPTE RENDU RITUEL

Garder une trace de tous les rituels faits ou à faire dans son grimoire, c'est une chose, mais pour peu que vous pratiquiez souvent, il est possible que vous finissiez par oublier lesquels vous avez déjà essayé et quelles ont été leurs issues. On pense toujours qu'on va se souvenir de tout, comme quand on a une super idée avant de dormir et qu'on a la flemme de se relever pour l'écrire, persuadé qu'on s'en souviendra au réveil, et on a trop souvent tort. Alors, plutôt que de perdre du temps à essayer de creuser dans les fins fonds de sa mémoire pour en extraire les quelques filets d'information qui pourraient subsister, autant gagner du temps et de l'énergie en prenant des notes et en les organisant de façon logique pour s'y référer sans suer à grosses gouttes.

C'est pourquoi il peut s'avérer utile de garder une trace de tout ce que vous faites et des résultats obtenus en rédigeant un compte rendu à la fin de chaque rituel, à compléter une fois que vous en aurez observé – ou non – les retombées. Côté organisation, plusieurs possibilités :

★ Vous gardez une page blanche chaque fois que vous copiez ou écrivez un rituel dans votre grimoire, à remplir une fois que vous l'aurez réalisé.

★ Vous réservez une section spéciale « comptes rendus » à la fin de votre ouvrage.

★ Vous créez un autre carnet consacré à cette partie de votre pratique. Un peu comme à l'école, quand on avait un cahier de leçons et un cahier d'exercices.

C'est selon ce qui vous semble le plus naturel. Et libre à vous de tenter une option et de changer d'avis en cours de route si vous vous rendez-compte que ce n'était pas la bonne, pas besoin d'être rigide et de se forcer à continuer avec un système qui ne vous convient pas.

Je vous ai préparé un modèle tout simple de compte rendu que vous pourrez recopier à la main dans votre grimoire ou scanner et imprimer en plusieurs exemplaires. Vous pouvez aussi le reproduire avec votre ordinateur et vous l'approprier pour créer votre propre tableau. Ce n'est qu'une piste avec les informations importantes à retenir, à vous de l'adapter à vos préférences.

Nom du rituel	
Date et heure	
Intention	
Phase de la lune	
Étapes du rituel	
Résultat	
Remarques	

Janvier

1 2 3 4 5 6 7 8 9 10 11 12 13 14 15 16 17 18 19 20 21 22 23 24 25 26 27 28 29 30 31

Février

Imbole

1 2 3 4 5 6 7 8 9 10 11 12 13 14 15 16 17 18 19 20 21 22 23 24 25 26 27 28 29

Mars

Ostara

1 2 3 4 5 6 7 8 9 10 11 12 13 14 15 16 17 18 19 20 21 22 23 24 25 26 27 28 29 30 31

Avril

Beltane

1 2 3 4 5 6 7 8 9 10 11 12 13 14 15 16 17 18 19 20 21 22 23 24 25 26 27 28 29 30

Mai

1 2 3 4 5 6 7 8 9 10 11 12 13 14 15 16 17 18 19 20 21 22 23 24 25 26 27 28 29 30 31

Juin

Litha

1 2 3 4 5 6 7 8 9 10 11 12 13 14 15 16 17 18 19 20 21 22 23 24 25 26 27 28 29 30

Juillet

1 2 3 4 5 6 7 8 9 10 11 12 13 14 15 16 17 18 19 20 21 22 23 24 25 26 27 28 29 30 31

Août

Lammas

1 2 3 4 5 6 7 8 9 10 11 12 13 14 15 16 17 18 19 20 21 22 23 24 25 26 27 28 29 30 31

Septembre

Mabon

1 2 3 4 5 6 7 8 9 10 11 12 13 14 15 16 17 18 19 20 21 22 23 24 25 26 27 28 29 30

Octobre

Samhain

1 2 3 4 5 6 7 8 9 10 11 12 13 14 15 16 17 18 19 20 21 22 23 24 25 26 27 28 29 30 31

Novembre

1 2 3 4 5 6 7 8 9 10 11 12 13 14 15 16 17 18 19 20 21 22 23 24 25 26 27 28 29 30 31

Décembre

Yule

1 2 3 4 5 6 7 8 9 10 11 12 13 14 15 16 17 18 19 20 21 22 23 24 25 26 27 28 29 30 31

LES MOTS DES AUTRES

Peu importe le sujet ou le support, il arrive souvent que les mots de quelqu'un d'autre fassent écho en nous, de telle manière qu'on croirait qu'ils ont été écrits pour nous. Ce sont des citations, des extraits, des paroles, des dialogues, toutes ces petites choses qui peuplent notre vie – que ce soit dans la rue, dans un livre ou à travers un écran – et qui viennent s'ajouter à notre réflexion personnelle.

En vous concentrant sur ce qui concerne votre pratique et votre spiritualité, prenez le réflexe de noter les mots qui vous marquent, les phrases qui peuvent vous aider, qui vous guident, qui définissent presque exactement ce que vous ressentez lorsque vous pensez « sorcellerie ».

Ça peut être un poème, les paroles d'une chanson, la réplique d'un film, l'extrait d'un livre – de fiction ou non – ou même les mots d'un proche. Tout ce qui peut vous nourrir spirituellement a sa place dans votre grimoire. C'est la garantie de ne pas oublier l'impact que ces mots ont eu sur vous lorsque vous les avez découverts et de pouvoir revivre ce moment chaque fois que vous poserez les yeux dessus. C'est parfois l'étincelle qui manque lorsqu'on ne sait plus trop où on va : on retombe sur une phrase qui nous rappelle pourquoi on s'était engagé sur cette voie et ce que ça nous inspire.

LES SABBATS

Les sabbats sont des fêtes païennes d'origine celtique qui sont célébrées – entre autres – par ceux qui pratiquent la sorcellerie. Ce n'est pas une obligation, c'est une tradition ancestrale chargée d'histoire en Europe, qui peut complètement être contournée si on est issu d'une autre culture ou si on ne se sent tout simplement pas de le faire. Les sorcières se basent sur les différents changements de saisons et organisent leurs rites et leurs traditions autour la roue de l'année : les équinoxes, les récoltes, etc. Lorsqu'on est à l'écoute de la nature, on finit par suivre les mêmes cycles qu'elle, et les sabbats sont là pour nous permettre de nous caler sur son rythme et de célébrer ses changements.

Le charme des sabbats – en dehors de l'aspect métaphysique et du fait qu'ils incarnent un cycle régulier et rassurant, comme la respiration du monde –, c'est justement les célébrations qui viennent avec. Les préparatifs, les rituels, les petits plats, les couleurs, les costumes, les jeux, tout ce qui peut ajouter un peu de moelle à la fête et qui, du coup, ajoute plus de fun quand c'est partagé. Avec tous les éléments cités dans les pages suivantes concernant chaque sabbat, vous pourrez piocher, inventer, et adapter chaque célébration à votre rythme de vie, aux gens qui vous entourent et qui pourront potentiellement partager ces moments avec vous en vous retrouvant ensemble huit fois par an, que ce soit pour une grosse teuf des familles ou un petit rassemblement à la cool.

Et la responsabilité n'a pas à reposer uniquement sur vos épaules : nourrissez-vous les uns des autres, discutez ensemble de ce à quoi vous voulez que vos sabbats ressemblent ! Mettez les compétences de chaque personne impliquée en avant. Certaines fourniront les vivres parce qu'elles sont douées aux fourneaux, d'autres utiliseront leurs talents manuels pour décorer et superviser des petits ateliers, d'autres encore pourront se charger de la mise en beauté des participants pour leur donner un look adapté à la célébration prévue. Bref, profitez des points forts de tout le monde pour créer une belle osmose qui témoignera de la richesse de votre groupe.

Les sabbats sont là pour célébrer le monde et ses cycles, mais aussi les êtres qui le peuplent – et ça, c'est vous ! Mettez-vous au cœur de ces fêtes, profitez-en pour renforcer vos liens, laisser de côté ce qui vous encombre et faire de la place à ce que vous souhaitez accomplir dans les semaines qui suivent. Et peut-être que bientôt vous pourrez parler des célèbres muffins d'Ostara d'Untel et du grand feu de Litha dans le jardin de Machine comme si c'était parfaitement routinier et normal. Du moins, c'est tout ce que je vous souhaite !

Et ne vous découragez pas si vous n'avez pas tout un groupe de sorcières dans votre entourage – vous pouvez parfaitement convier vos proches non-initiés et non-croyants à vos célébrations en leur offrant simplement un prétexte pour passer une chouette soirée, essayer quelque chose de nouveau et fêter le passage des saisons ! On fête bien Noël, le Nouvel An et parfois Halloween, pourquoi ne pas fêter les équinoxes aussi ? Toute excuse est bonne à prendre pour faire la teuf, des pique-niques, des barbecues ou des petites promenades dans la nature, même si pour vous ça prend une dimension différente. En respectant les croyances de chacun, on peut quand même s'unir et prendre un moment pour remercier l'univers de tout ce qu'il nous offre, qu'il prenne une forme divine ou purement scientifique. Ne laissez pas ces différences vous limiter, au contraire, embrassez-les et puisez dans la richesse et la diversité qu'elles vous offrent à tous !

Et allez savoir, peut-être que vous finirez même par rallier quelques personnes à votre pratique ou que vous découvrirez les facettes spirituelles cachées de votre entourage… Il ne faut jamais dire jamais !

Les dates des sabbats varient en fonction des années, prenez donc un moment après la grosse nouba du Nouvel An pour vérifier les dates à venir et les noter dans vos calendriers pour ne rater aucune célébration !

SAMHAIN

Entre le 31 octobre et le 1er novembre.

Samhain (qui se prononce plutôt « sah-waine » ou « soh-waine ») est à la fois la fête de la fin de l'été et celle des morts. La nuit du 31 octobre est réputée pour être la seule de l'année pendant laquelle les morts peuvent traverser le voile qui sépare notre monde de celui de l'au-delà, ce qui en fait la nuit idéale pour rendre hommage à ses proches disparus, contacter ses ancêtres, ou simplement laisser la place aux morts. Une des traditions qu'on observe ce soir-là est celle du dîner des morts au cours duquel on prépare un menu spécialement pour les esprits qui traîneraient dans le coin, pour ceux qu'on invite volontairement à sa table et on le déguste dans un silence… de mort. Pour une fois, les vivants se taisent et laissent leur place aux défunts.

C'est aussi ce qui explique pourquoi cette période est idéale pour se lancer dans des séances de divination – vous ne serez jamais aussi proches des messages de l'univers et des disparus que pendant Samhain.

Certaines sorcières définissent Samhain comme le nouvel an des gens comme nous, et ça me convient parfaitement – surtout si on ajoute à ça ma passion légendaire pour le cinéma d'horreur, entre Halloween et Samhain, on tient là le meilleur jour de l'année pour moi.

COMMENT CÉLÉBRER SAMHAIN ?

- ★ Promenez-vous dans la nature et observez les changements de la saison, les couleurs des feuilles, la teinte que prend le ciel au coucher du soleil…
- ★ Organisez un dîner en hommage à vos ancêtres. La tradition veut qu'on mette le couvert pour tous les esprits qu'on souhaite inviter à sa table et qu'on dîne en silence pour laisser la place aux morts le temps d'un repas.
- ★ Rendez hommage à vos ancêtres et à vos proches disparus : allez vous recueillir sur leurs tombes, discutez avec eux, placez quelques photos sur votre autel et faites-leur des offrandes.

- ★ Faites une petite promenade au cimetière et saluez les morts, nettoyez leurs tombes, discutez avec les animaux qui y traînent.
- ★ Tirez les cartes ou pratiquez votre méthode de divination préférée.
- ★ Faites votre arbre généalogique.
- ★ Faites le bilan de l'année passée, repensez à tout ce que vous avez vécu, accompli, surmonté, et projetez-vous dans l'année à venir, en vous concentrant sur ce que vous souhaitez vivre.
- ★ Faites un beau feu de joie – dans un endroit autorisé et en faisant bien attention à ne pas tout cramer, ce serait dommage.

CORRESPONDANCES

COULEURS Noir, orange, rouge.

CRISTAUX ET MINÉRAUX Obsidienne noire, jaspe, cornaline, onyx, quartz fumé, jais, pierre de sang.

DÉCORATIONS Pommes, feuilles mortes, glands, chauve-souris, chat noir, os, épis de maïs, corbeaux/corneilles, outils de divination, cucurbitacées, citrouilles, noix, grenades, épouvantails, faux.

ÉLÉMENT Eau.

ENCENS ET HUILES Copal, santal, benjoin, armoise, sauge, myrrhe, patchouli.

HERBES ET PLANTES Amande, feuilles de pommier, laurier, calendula, cannelle, clou de girofle, ail, gingembre, noisette, mandragore, souci, chrysanthème, armoise, ortie, aiguilles de pin, romarin, graines de citrouille, sauge, graines de tournesol, ginseng.

NOURRITURE Cidre, courge, grenade, noix, pomme, pomme de terre, potiron, viande.

SORTS ET RITUELS Bannissement, communication avec les esprits, divination, dernière récolte, hommage aux morts, inspiration, magie sexuelle, protection, suppression des mauvaises habitudes, suppression des obstacles, transition, travail sur les vies antérieures, travail sur miroir, souhaits de transformation, visualisation.

SYMBOLISME Ancêtres, changement, connaissance, fin des anciens projets, mort, nouveau départ, nouveaux projets, nuit, protection, renaissance, repos, retour, succès, transformation.

YULE

Entre le 21 et le 23 décembre.

Avant Noël, il y a Yule. C'est la grande fête de l'hiver, l'acceptation du changement de climat et de paysage, l'occasion idéale de se rapprocher des gens qu'on aime, de son foyer. Que votre âtre soit littérale ou métaphorique, prenez le temps de vous réchauffer au coin du feu. On célèbre le renouveau, les liens qui se créent, les connexions physiques, spirituelles et émotionnelles.

COMMENT CÉLÉBRER YULE ?

★ Illuminez votre logement avec des bougies et des guirlandes lumineuses pour faire entrer le soleil chez vous.

★ Faites du bénévolat, un don à une association, aidez votre prochain, propagez un peu d'amour et de générosité pour réchauffer les cœurs.

★ Organisez un beau festin et remerciez la nature pour sa générosité.

★ Faites des cadeaux !

★ Fabriquez votre propre couronne de houx – ou autre – en y mettant des symboles forts et accrochez-la à votre porte pour protéger votre domicile et n'y inviter que de belles choses pour les fêtes.

★ Laissez les écrans de côté et rassemblez vos proches – famille, amis, les deux, selon votre cercle – pour vous raconter des histoires au coin du feu – même s'il est symbolique.

★ Faites une liste de tout ce qu'il vous est arrivé de bon cette année et remerciez ceux que vous tenez pour responsables de toutes ces bonnes choses – humains et autres.

CORRESPONDANCES

COULEURS Argent, blanc, or, rouge, vert.

CRISTAUX ET MINÉRAUX Diamant, grenat, œil-de-chat, pierre de sang, rubis.

DÉCORATIONS Bougies, bûches, cloches, couronnes, guirlandes lumineuses, houx, poinsettia, sapin.

ÉLÉMENT Terre.

ENCENS ET HUILES Cannelle, cèdre, gingembre, myrrhe, noix de muscade, pin, romarin, safran.

HERBES ET PLANTES Achillée, camomille, cannelle, chardon, chêne, genévrier, gingembre, gui, houx, laurier, lierre, mousse, myrrhe, pin, pommes de pin, romarin, sauge, valériane.

NOURRITURE Biscuits, cake aux fruits, fruits séchés, gingembre, hibiscus, lait de poule, noix, orange, poire, pomme, porc, vin épicé.

SORTS ET RITUELS Hommage à la famille et aux amis, méditation, paix, renouveau personnel.

SYMBOLISME Honneur, inspiration créative, introspection, lumière après l'obscurité, mystères, nouvelle vie, réflexion, régénération, renaissance, renouveau, transformation.

Pour Noël (en fait Yule… !), si vous avez pour habitude de décorer votre sapin, achetez plutôt des boules vides que vous remplirez ensuite d'ingrédients chargés d'intentions ! Protection, bonheur, chance, prospérité, harmonie ou un peu de tout, à vous de choisir ! Personne ne se doutera de quoi que ce soit en voyant vos boules DIY et elles trôneront à une place de choix pendant plusieurs semaines.

IMBOLC

Le 1er ou le 2 février.

Célébré au tout début du mois de février, Imbolc commémore le milieu de l'hiver et les premiers signes du retour du printemps. Dans cette saison parfois difficile pour le moral, cette fête nous rappelle que la vie suit son cours, que tout évolue, et que les beaux jours finissent toujours par revenir. Traditionnellement, on honore la déesse Brigid, mais, encore une fois, c'est une question de culture et de spiritualité et rien ne vous y oblige.

C'est une période de purification, de transition, de changement, l'occasion idéale pour faire un grand ménage, changer les meubles de place, tout aérer et repartir du bon pied. On commence doucement à sortir de notre hibernation, en même temps que le reste de la nature, et nous préparons nous aussi nos petits bourgeons qui fleuriront au printemps. Faites des plans, préparez vos projets à venir, mettez des choses en place, paisiblement, en suivant le rythme tranquille de votre environnement.

COMMENT CÉLÉBRER IMBOLC ?

★ Préparez de bonnes soupes et faites votre propre pain si vous le pouvez. Points bonus si vous les partagez avec ceux que vous aimez et/ou qui en ont besoin.

★ Allumez des bougies pour inviter le soleil et préparer son retour.

★ Buvez du vin chaud – de façon responsable, évidemment.

★ Côté décoration, mettez le paquet sur tout ce qui rappelle le soleil et le printemps pour les inviter à se pointer le plus vite possible.

★ Prenez soin de la nature et de votre environnement, ramassez les ordures que vous croisez dans les espaces verts, montrez à la planète que vous l'aimez et que vous êtes dans son camp.

★ Offrez-vous un ravalement de façade complet, une journée au spa rien qu'à vous – même si c'est dans votre salle de bains, pas besoin d'aller dépenser des montagnes d'argent. Prenez soin de vous, de la tête aux pieds, pour symboliser votre renaissance.

★ Décorez votre intérieur avec des fleurs blanches – et offrez-en, si vous le pouvez !

CORRESPONDANCES

COULEURS Argent, blanc, jaune pâle, marron, orange, rose, rouge, violet.

CRISTAUX ET MINÉRAUX Améthyste, grenat, onyx, turquoise.

DÉCORATIONS Bougies, fleurs blanches, flocons de neige, graines, jonquilles, lait, souci.

ÉLÉMENT Terre.

ENCENS ET HUILES Abricot, basilic, cannelle, glycine, jasmin, musc, myrrhe, œillet, olive, romarin.

HERBES ET PLANTES Angélique, basilic, benjoin, bruyère, laurier, myrrhe, saule, trèfle.

NOURRITURE Crêpes, gâteaux au miel, gaufres, graines de tournesol, infusions, plats épicés, potiron, produits laitiers, raisins secs.

SORTS ET RITUELS Consécration du foyer, initiation, inspiration créative, purification, renouveau.

SYMBOLISME Conception, conseils, créativité, dévotion, gaieté, initiation, inspiration, perspicacité, planification, préparation, renouveau.

OSTARA

Entre le 20 et le 23 mars.

Ostara marque le début du printemps, l'arrivée tant attendue de la fonte des glaces et des premiers bourgeons. On célèbre la sortie des ténèbres hivernales vers la lumière des belles saisons, et c'est donc l'occasion de mettre du soleil – et tout ce qui le symbolise – partout sur son passage. On mise sur les symboles de fertilité, de fécondité et d'abondance, puisque c'est la saison de la reproduction et des jeunes pousses.

Alors, pendant Ostara, on sème des graines, littéralement, mais aussi dans sa tête, dans sa vie, dans ses relations. On plante tout ce qu'on peut, on verra bien ce qui sortira – si ça sort – et on fera le bilan lorsque le temps de la récolte sera venu. C'est le moment de mettre en place plein de choses positives et productives. On salue poliment les dernières longues nuits d'hiver et on souhaite la bienvenue aux rayons du soleil. Concentrez-vous sur ce qui relève du renouveau, de la renaissance et de la transition de l'obscurité à la lumière. Observez les changements dans la nature, sentez les modifications dans l'atmosphère, remarquez les nouvelles couleurs, les fragrances qui arrivent avec cette saison.

COMMENT CÉLÉBRER OSTARA ?

- ★ Plantez des fleurs et réanimez votre jardin – ou les bacs accrochés à vos fenêtres.
- ★ Allez cueillir des plantes – en faisant attention à ne pas détruire les racines.
- ★ Commencez un herbier.
- ★ Promenez-vous dans la nature et observez les premiers changements de la saison.
- ★ Entamez un nouveau projet – créatif, professionnel, personnel, à vous de choisir. Ça peut être apprendre une nouvelle discipline ou vous débarrasser d'une mauvaise habitude, par exemple.
- ★ Cuisinez avec les fruits et légumes de saison.

- ★ Faites des petits gâteaux au miel pour votre entourage – ou juste pour vous, je ne vous jugerai pas.
- ★ Aérez, purifiez, réorganisez votre logement : redonnez ses lettres de noblesse à l'expression « grand ménage de printemps » !

CORRESPONDANCES

COULEURS Couleurs pastel, jaune, vert.

CRISTAUX ET MINÉRAUX Aigue-marine, améthyste, jaspe, jaspe rouge, pierre de sang.

DÉCORATIONS Branches bourgeonnantes, fleurs, œufs, paniers, rubans colorés, trèfles à quatre feuilles.

ÉLÉMENT Air.

ENCENS ET HUILES Fraise, jasmin, rose, sauge.

HERBES ET PLANTES Ajonc, chèvrefeuille, crocus, fraise, gingembre, glands, iris, jasmin, jonquille, hysope, narcisse, olive, pivoine, quintefeuille, rose, tilleul, violette… et toutes les fleurs du printemps.

NOURRITURE Fruits de saison frais, gâteaux au miel, germes, lait, légumes verts, œufs, pomme, produits laitiers, noix, poisson.

SORTS ET RITUELS Communication, consécration de plantes et jardins, création de nouveaux sorts et rituels, croissance, équilibre, invention, nouveaux projets.

SYMBOLISME Amour, complétion, débuts, début du printemps, équilibre, fertilité, force, ouverture, pouvoir, sexualité.

BELTANE

Le 30 avril ou le 1er mai.

La fête de la fertilité par excellence, Beltane célèbre l'efficacité des pluies du mois d'avril sur les récoltes, la nature et le retour d'un paysage vert et fleuri. On honore la vie, en plein cœur du printemps, tout en se préparant à l'arrivée de l'été. C'est la saison de tous les possibles. C'est une fête sensuelle, sexuelle, passionnelle, pleine de joie, de vitalité et d'énergie. Si vous avez des divinités dans votre pratique, c'est le moment de tout miser sur les plus féminines d'entre elles et de célébrer votre propre part de féminité – que vous soyez de genre féminin ou non. N'hésitez pas à organiser de belles fêtes, de bons repas et, si vous en avez la possibilité, de faire des grands feux de camp – ou au moins de lancer le premier barbecue de l'année, quoi.

COMMENT CÉLÉBRER BELTANE ?

★ Dansez ! En solo, en couple, en groupe, chez vous, dehors ou dans un bar, peu importe, dansez, tournoyez, valsez, remuez !

★ Purifiez l'entrée de votre logement : par fumigation avec de l'encens ou de la sauge, mais aussi en nettoyant votre porte – des deux côtés !

★ Lancez-vous dans un projet de DIY – *do it yourself* –, de l'ampleur qui vous convient selon vos capacités, inutile de vous mettre la pression non plus. Le but est de passer un bon moment, pas de créer de la frustration. C'est l'occasion d'apprendre un nouveau talent ou de créer quelque chose en utilisant ce que vous maîtrisez déjà.

★ Dormez à la belle étoile : allez passer une nuit dans la nature, que ce soit dans un jardin ou au cœur d'une forêt, trouvez un endroit où planter une petite tente et profitez-en pour renouer avec les éléments.

★ Prenez du plaisir. Interprétez ça comme bon vous semble…

CORRESPONDANCES

COULEURS Blanc, bleu, jaune, marron, rose, rouge, vert.

CRISTAUX ET MINÉRAUX Ambre, cornaline, émeraude, malachite, quartz rose, saphir.

DÉCORATIONS Couronnes de fleurs, fleurs de printemps, guirlandes de fleurs, rubans, paniers, œufs, fées.

ÉLÉMENT Feu.

ENCENS ET HUILES Lilas, menthe, rose, santal.

HERBES ET PLANTES Amande, angélique, armoise, aubépine, chèvrefeuille, frêne, jacinthe, lierre, lilas, menthe, muguet, oseille, primevère, quintefeuille, rose, souci, sureau, thym, trèfle.

NOURRITURE Céréales, fruits de mer, fruits rouges, pain, produits laitiers, salades.

SORTS ET RITUELS Conjuration, plaisir, projets créatifs, sensualité.

SYMBOLISME Buts, fertilité, feu, plaisir, projets.

LITHA

Entre le 20 et le 23 juin.

La journée la plus longue de l'année est celle qui célèbre la saison que nous sommes nombreux à attendre pendant de longs mois : l'été est enfin là !

C'est la fête du soleil, de la chaleur, des arbres en fleurs et des fruits bien mûrs et gorgés de jus. Profitez des heures supplémentaires que cette journée vous offre pour en profiter à fond. Allez observer l'arrivée de la saison dehors, guettez les changements dans le paysage et l'humeur des gens, promenez-vous dans la nature et profitez des trésors qu'elle vous offre.

La star de ce sabbat étant le soleil, n'hésitez pas à profiter de ses rayons. S'il se cache, vous pouvez allumer des bougies chez vous pour le représenter, l'honorer et l'inviter dans votre vie. Si vous le pouvez, essayez de vous offrir un petit rituel à midi, à l'heure où le soleil est au plus haut, pour profiter de toute sa puissance.

COMMENT CÉLÉBRER LITHA ?

★ Célébrez le règne du soleil et le début des longues journées d'été et des soirées chaudes qui arrivent enfin !

★ Trinquez en terrasse, du coup.

★ Essayez d'assister au lever et au coucher du soleil lors de sa plus longue visite pour honorer sa présence et montrer votre reconnaissance.

★ Faites un beau pique-nique avec des fruits de saison, roulez-vous dans l'herbe et imprégnez-vous des rayons du soleil.

★ Faites un vœu : allumez une bougie blanche, exprimez votre souhait et laissez la bougie se consumer jusqu'au bout.

★ Faites une sieste au soleil – mais protégez-vous quand même, attention à votre peau.

★ Allez chercher l'inspiration dehors – dans votre ville ou dans la nature –, soyez à l'écoute du monde qui vous entoure et nourrissez-vous de son énergie. Essayez de choisir des endroits chouettes, ça risque de vachement moins bien marcher dans un métro bondé, par exemple.

- ★ Faites un geste pour l'environnement.
- ★ Mettez tous les objets que vous souhaitez charger à la lumière du soleil.

CORRESPONDANCES

COULEURS Blanc, bleu, jaune, or, orange, rouge, vert.

CRISTAUX ET MINÉRAUX Diamant, émeraude, jade, lapis-lazuli, œil-de-tigre... et tous les cristaux et minéraux verts.

DÉCORATIONS Bouleau, cadran solaire, coquillages, couteaux et lames, chêne, feu, fruits et fleurs d'été, lys, plumes, sapin, tournesols.

ÉLÉMENT Feu.

ENCENS ET HUILES Cèdre, citron, lavande, myrrhe, pin, rose, sauge.

HERBES ET PLANTES Armoise, bruyère, camomille, chicorée, gui, lavande, pin, pivoine, pomme, rose, verveine.

NOURRITURE Bière, citron, fruits d'été, jus de carotte, légumes frais, miel, orange.

SORTS ET RITUELS Divination, inspiration, profession de foi, sorts d'amour et de protection.

SYMBOLISME Feu, pouvoir, pureté, renaissance, transformation, vie.

LAMMAS

Le 1er août.

La fête de Lammas, également appelée « Lughnasadh », marque le milieu de l'été et le début des récoltes, dans les champs comme dans nos vies. C'est un entre-deux pendant lequel on continue à travailler sur des projets déjà entamés, en se visualisant les terminer avant la prochaine fête.

C'est aussi l'occasion de mettre le paquet sur les rituels de prospérité. Si vous le pouvez, profitez-en également pour aller récolter les herbes et plantes dont vous vous servirez dans les rituels à venir – ou passez au supermarché bio du coin si vous n'avez pas trop de champs à portée de main, misez sur l'aspect symbolique de la démarche.

Faites le plein, remplissez vos placards, vos bocaux et vos sachets. Si vous habitez ou passez vos vacances près d'un endroit où se déroulent des festivals en lien avec les récoltes, allez y faire un tour ! Joignez-vous à la célébration, nourrissez-vous de l'allégresse, de la joie et de l'engouement de tous ceux qui s'y trouvent, faites des rencontres, des trouvailles magiques, et repartez complètement rechargé d'énergie spirituelle pour vous préparer à l'arrivée de l'automne.

En plein air, organisez une petite sauterie autour d'un feu de joie – en vérifiant que vous avez le droit et qu'il n'y a aucun risque d'incendie au préalable, évidemment, le but n'étant pas de déclencher une vague de destruction. Nourrissez-vous de la force des flammes et regardez les danser, visualisez vos semaines à venir, les projets qui vous tiennent à cœur et jetez au feu tout ce dont vous ne voulez plus – en écrivant des choses sur des bouts de papier qui brûleront sous vos yeux, par exemple. Rechargez vos batteries, emmagasinez autant de chaleur que possible.

COMMENT CÉLÉBRER LAMMAS ?

- Faites votre propre pain.
- Organisez une petite sauterie avec un super festin – encore mieux si vous pouvez le faire sur une grande table en extérieur, ambiance

dernière page des aventures d'Astérix et Obélix, mais ça marche aussi sur une table basse ou en pique-nique.

★ Profitez de la nature et du plein air avant que les jours refroidissent.

★ Faites sécher des plantes et des fleurs fraîches en les suspendant chez vous la tête en bas pour qu'elles soient prêtes à l'emploi pour vos rituels et recettes à venir.

★ Méditez, priez, visualisez.

★ Organisez une séance ciné chez vous et dégustez du popcorn maison avec vos proches.

★ Assistez au coucher de soleil et souhaitez un bon repos à l'astre qui va se retirer petit à petit pour aller illuminer l'autre hémisphère.

CORRESPONDANCES

COULEURS Bronze, gris, jaune doré, marron clair, or, orange, rouge, vert.

CRISTAUX ET MINÉRAUX Aventurine, citrine, péridot.

DÉCORATIONS Chaudron, corne d'abondance, faux, fleurs jaunes et/ou rouges, herbes récoltées, maïs, paniers de pain, serpe, symboles phalliques.

ÉLÉMENT Feu.

ENCENS ET HUILES Camomille, eucalyptus, maïs, romarin, rose, santal.

HERBES ET PLANTES Acacia, aloe vera, blé, bruyère, cyclamen, fenugrec, feuilles de chêne, ginseng, graines, myrte, tournesol, rose trémière.

NOURRITURE Baies sauvages, bière, cidre, courge, glands, maïs, noix, pain fait maison, poire, pomme, pomme de terre, raisin, riz, tarte aux baies.

SORTS ET RITUELS Abondance, achèvement d'un projet, astrologie, chance, générosité, méditation, prospérité, succès continu, visualisation.

SYMBOLISME Abondance, changement, prospérité, purification, récolte, révérence, transformation.

MABON

Entre le 21 et le 23 septembre.

Avec Mabon, l'automne arrive, les couleurs changent, les jours raccourcissent et le monde se transforme petit à petit pour se préparer au long somme de l'hiver.

C'est le moment de remercier l'univers pour ce qu'il nous a offert pendant l'année et de profiter de tout ce qu'on a pu récolter. C'est la période de l'équilibre – les jours et les nuits ont à peu près le même nombre d'heures, les températures sont souvent dans la moyenne ni trop chaudes ni trop froides, on n'a pas encore quitté l'été mais nous n'avons pas non plus basculé dans l'hiver. C'est une jolie période de transition qui nous permet de passer d'un extrême à l'autre en douceur.

COMMENT CÉLÉBRER MABON ?

- ★ Allez cueillir des pommes – ou mangez-en, cuisinez-en.
- ★ Remerciez l'univers pour toutes les bonnes choses qu'il vous apporte et renouvelez vos vœux de confiance en lui.
- ★ Accueillez l'obscurité. On a tendance à la juger, la fuir et célébrer son absence, mais elle fait partie d'un tout, sans elle il n'y aurait pas d'équilibre, alors prenez le temps d'apprécier la nuit.
- ★ Faites un grand ménage d'automne, préparez votre foyer pour la saison à venir.
- ★ Débarrassez-vous du superflu – matériel et émotionnel.

CORRESPONDANCES

COULEURS Rouge, orange, marron, or, vert, couleurs d'automne, violet, bleu.

CRISTAUX ET MINÉRAUX Agate jaune, améthyste, cornaline, lapis-lazuli, saphir, topaze jaune.

DÉCORATIONS Branches de chêne, coquelicots, corne d'abondance, cucurbitacées, fruits de couleur rouge, (jolies) feuilles mortes, fleurs d'automne, glands, grenades, guirlandes, hochets, noisettes, pommes, pommes de pin, raisins, soucis.

ÉLÉMENT Eau.

ENCENS ET HUILES Benjoin, cannelle, clou de girofle, jasmin, myrrhe, patchouli, pin, poivre noir, sauge.

HERBES ET PLANTES Benjoin, cèdre, chardon et légumes, chèvrefeuille, chrysanthème, feuilles de chêne, fougère, glands, houblon, lierre, myrrhe, noisetier, pin, rose, sauge, souci, tabac.

NOURRITURE Baies, bière, courge, fruits secs, glands, graines, grenade, haricots, maïs, mouton, noix, pain, pain de maïs, pomme, pomme de terre, produits à base de blé, racines (oignon, carotte…), raisin, vin.

SORTS ET RITUELS Confiance en soi, équilibre, harmonie, introspection, protection, rituels de prospérité, sécurité, vie antérieure.

SYMBOLISME Abondance, appréciation, beauté, confiance en soi, égalité, équilibre, force, joie, pouvoir, prospérité, protection, récolte, réincarnation, richesse, rire, sécurité.

PETIT LEXIQUE

Cercle magique : C'est un cercle de protection que l'on met en place lorsqu'un rituel est pratiqué – particulièrement s'il nécessite de faire appel à des esprits ou des entités. Il assure que tout ce qui se déroule dans le cercle y reste et ne puisse pas en sortir.

Charme : Objet chargé d'une énergie ou d'une intention précise qui est destiné à être porté, gardé près de soi, ou offert par exemple.

Coven : Groupe de sorcières plus ou moins fermé. S'il peut être hiérarchisé, ce n'est pas non plus une obligation. C'est un petit clan, un club exclusif, qui vous permet d'échanger librement au sujet de la sorcellerie, de pratiquer des rituels en groupe, de fêter les sabbats ensemble, de demander conseil, de faire le point sur l'avancée de votre pratique, etc.

Dagyde (ou poupée magique) : Petite figurine d'apparence humaine, qui peut être faite à partir de différents matériaux, représentant la cible d'un sort. Contrairement à la croyance populaire, les dagydes ne sont pas uniquement utilisées pour jeter des sortilèges néfastes, même si ça peut être l'une des utilisations possibles.

Esbat (du français « s'ébattre ») : Nom donné à un rassemblement de sorcières ayant lieu en dehors des sabbats, principalement chez les wiccans. Souvent organisés les soirs de pleine lune, les esbats permettent aux covens de se réunir, de pratiquer des rituels en groupe, ou tout simplement de discuter et de faire le point régulièrement sur l'avancée des pratiques de chacun(e).

Grimoire : Ouvrage de référence personnel propre à chaque sorcière dans lequel on entrepose toutes les recettes, les sorts, les rituels pratiqués ou à pratiquer. À la fois dictionnaire, mode d'emploi et journal intime, il est unique et à l'image de ses propriétaires.

Incantation : Formule magique qui accompagne un sort ou un rituel et qui permet de vocaliser son intention. Elle peut être énoncée une fois ou répétée au cours des différentes étapes du rituel.

Intention : L'ingrédient le plus important dans n'importe quel sort ou rituel, l'intention représente l'objectif visé, ce que vous souhaitez voir se réaliser à travers votre pratique, c'est ce qui donne son pouvoir à tout le reste et qui garantit plus facilement d'arriver à son but.

Pentacle : Un pentagramme inscrit dans un cercle, souvent utilisé en talisman pour protéger celui ou celle qui le porte.

Pentagramme : Étoile à cinq branches. Traditionnellement, l'étoile évoque des choses positives lorsque sa pointe est en haut et négatives lorsqu'elle est en bas – elle ressemble alors à une tête de chèvre cornue, soit l'un des symboles des forces obscures dans nos contrées, mais, encore une fois, tout dépend des cultures et des croyances.

Purification : Action de purifier un objet, une personne ou un espace pour le libérer des énergies négatives qui l'encombrent et remettre le compteur à zéro.

Sabbat : Fête païenne liée à un événement du calendrier : concerne les équinoxes, les changements de saisons et de climat, les récoltes, etc. Les sabbats nous viennent des anciennes traditions, bien souvent celtiques, et se basent sur des croyances ancestrales et des pratiques bien moins répandues de nos jours que l'on a adaptées à nos vies plus modernes mais qui nous permettent de garder un lien avec la nature et ses cycles.

Wicca : Religion néo-païenne créée par le britannique Gerald Garner dans les années 1950, basée sur des rites païens ancestraux dont les racines s'étendent aux quatre coins de l'Occident. Les wiccans vénèrent généralement une grande déesse et un dieu cornu qui représentent la dualité du monde, de la nature, des éléments, de l'univers. Les wiccans accordent une importance toute particulière au respect de la nature et de tout ce qui la compose et vivent selon un principe simple : fais ce que tu veux, du moment que tu ne fais de mal à personne. C'est une religion pacifiste, qui s'appuie sur de nombreux rites et croyances que l'on peut retrouver dans l'histoire païenne de l'Europe, des Celtes aux Slaves en passant par les Grecs et les Romains.

SOLEIL
LUNE
VÉNUS
MARS
JUPITER
SATURNE
URANUS
NEPTUNE
PLUTON

DEUXIÈME PARTIE

CORRESPONDANCES

À quoi servent les tables de correspondance ?

C'est simple : à tout. C'est presque la seule chose dont vous avez besoin pour pratiquer la sorcellerie, quelque part. Que vous cherchiez à créer un sort, un rituel, un sachet, une fiole ou un charme, il vous suffit de vous référer aux tables de correspondance pour trouver les bons éléments à utiliser ainsi que le meilleur moment pour pratiquer.

Certains jours de la semaine, certains mois, par exemple, sont plus indiqués que d'autres pour l'exécution de rituels ciblés. Selon votre intention et ce que vous cherchez à accomplir, vous pouvez donc offrir un coup de pouce à votre sort en le lançant à la période correspondante.

Et concernant le choix des ingrédients, autre exemple : vous faites des cauchemars la nuit et vous aimeriez passer des nuits paisibles ? Cherchez, dans les tables, les éléments qui correspondent au sommeil, à la sérénité, à la relaxation et qui repoussent les cauchemars, puis rassemblez-les dans un petit sachet que vous mettrez sous votre oreiller.

Les possibilités sont infinies, c'est à vous de composer avec tout ça – pour commencer, parce que ce n'est pas comme si j'avais pu raisonnablement tout mettre dans un seul livre, il a fallu faire des choix – pour trouver ce qui vous correspond le mieux.

C'est aussi l'occasion de tester votre intuition. Souvent, les correspondances sont assez évidentes. Pensez à une orange. Qu'est-ce que ça vous inspire ? Son jus, au petit-déjeuner, pour se filer un coup de peps pour commencer la journée ? Donc, tout ce qui relève de la vitalité, de l'énergie, de la forme ? Eh ben, bingo, ça fait partie des correspondances qui y sont liées.

Les correspondances se basent sur des croyances et des associations ancestrales qui remontent parfois très très loin et qui sont toutes fourrées dans un coin de notre tête parce qu'on les retrouve au quotidien sans s'en rendre compte.

Les couleurs, par exemple, sont utilisées pour générer des émotions particulières chez les gens. On ne choisit pas la couleur d'un cabinet de dentiste par hasard et on le peindra rarement en rouge. Si ça vous semble logique quand je vous le dis, c'est que vous êtes parfaitement capable d'arriver à vos propres conclusions concernant les éléments qui vous entourent. Faites le test. Essayez de deviner, posez-vous régulièrement la question, testez votre capacité d'association.

N'oubliez pas, néanmoins, de penser à vos associations personnelles également. Si, par exemple, vous avez le souvenir d'avoir mangé des cerises toute votre enfance avec votre grand-mère décédée, elles y seront pour toujours associées, et vous n'aurez pas besoin de chercher plus loin lorsque vous aurez envie de contacter ou de rendre hommage à votre aïeule. Ça fonctionne aussi pour les associations négatives, si un élément vous évoque quelque chose de mauvais alors qu'il est censé être utilisé dans un cadre positif, laissez tomber et gardez-le pour un autre usage. Votre intention risque d'être polluée par vos émotions si vous vous forcez à utiliser quelque chose parce que la recette ou le tableau de correspondance a dit ça, mais que ça ne vous inspire pas.

Et enfin, je rappelle encore une fois qu'il est extrêmement important de toujours se renseigner sur les éléments que vous utilisez et leur potentielle toxicité. Veillez à ne jamais manipuler ou ingérer quoi que ce soit avant d'être certain de ce que vous faites et d'avoir bien vérifié si ça pouvait être dangereux. *Idem* si vous avez des allergies ou en cas de grossesse. Et faites attention à vos animaux de compagnie également : certains éléments peuvent être extrêmement toxiques et dangereux pour eux.

MOIS DE L'ANNÉE

JANVIER Le mois du bonheur, de l'opportunité, de la prospérité, de la protection.

FÉVRIER Le mois de l'amour, de l'espoir, de la purification, de la sincérité.

MARS Le mois de la renaissance, du renouveau, du succès.

AVRIL Le mois de la chance, de la croissance, de l'opportunité, des rêves.

MAI Le mois de l'aventure, de la découverte, du développement, de la maturité.

JUIN Le mois de l'amour, de l'engagement, des expériences, de l'insouciance.

JUILLET Le mois de l'action, de l'autorité, de la discipline, de l'excitation.

AOÛT Le mois de l'acceptation, de la paix, de la réformation, de la symétrie.

SEPTEMBRE Le mois de la concentration, des décisions, du développement spirituel, de la réussite.

OCTOBRE Le mois des croyances, de la transformation.

NOVEMBRE Le mois de la chaleur, de la compréhension, de l'empathie, de la relaxation.

DÉCEMBRE Le mois de la paix, de la réflexion, du repos.

JOURS DE LA SEMAINE

LUNDI Animaux de compagnie, consécration, divination, émotions, famille, féminité, fertilité, foyer, guérison, illusion, mystère, paix, pouvoirs psychiques, purification, rêves, voyages.

MARDI Agression, bravoure, briser une malédiction, business, confrontation, courage, désir, force, guerre, jardinage, partenariat, passion, protection, rébellion, sexe, travail, victoire.

MERCREDI Art, astrologie, business, changement, communication, concentration, contradiction, créativité, divination, éducation, excitation, guérison, inspiration, loi, sagesse, voyages.

JEUDI Abondance, argent, business, chance, croissance, développement personnel, expansion, force, générosité, prospérité, santé, voyages.

VENDREDI Affection, amitié, amour (de soi ou d'autrui), beauté, fertilité, harmonie, naissance, réconciliation, romance, socialisation.

SAMEDI Bannissement, communication avec les esprits, création de liens, découvertes, dettes, fins, foyer, justice, longévité, malédiction, mort, nettoyage, protection, purification, temps.

DIMANCHE Ambition, buts, carrière, célébrité, charisme, croissance, débuts, force, guérison, masculinité, prospérité, protection, santé, spiritualité, succès.

Tout peut être magique si vous y mettez votre intention et si vous le décidez. Que ce soit faire à manger, le ménage, faire un tour de pâté de maisons, prendre une douche – tout peut prendre une dimension mystique et chaque action peut être chargée d'intention.

QUELS SORTS ET RITUELS À QUELS MOMENTS DE LA JOURNÉE ?

AUBE Amitié, beauté, briser un mauvais sort, nouveaux départs, pardon, renaissance, renouveau, romance.

MATIN Chance, fertilité, intuition, justice, objectifs à atteindre.

MIDI Carrière, confiance en soi, courage, énergie, motivation, prospérité, succès.

APRÈS-MIDI Communication, voyages.

SOIRÉE Bannissement, conjuration, équilibre, mauvais sorts, paix, protection.

COUCHER DU SOLEIL Amour, communication, croissance, mouvement, sensualité.

MINUIT ET PLUS Communication avec les esprits, créativité.

Traditionnellement, minuit et les heures de la nuit sont considérés comme étant les moments les plus adaptées pour pratiquer la sorcellerie. Déjà, parce qu'on a moins de chance de se faire griller, mais aussi parce que le voile entre les deux mondes s'affine à ces heures et rend le transit d'énergies plus facile.

COULEURS

ARGENT Chance aux jeux, communication, énergie féminine, intuition, magie lunaire, méditation, rêves, stabilité, victoire.

BLANC Consécration, équilibre, guérison, innocence, justice, paix, protection, pureté, sincérité, spiritualité, unité, vérité.

BLEU Chance, communication, concentration, contre les mauvaises ondes, discipline, fidélité, harmonie domestique, organisation, pardon, patience, sincérité, vérité, volonté. Symbolise l'élément Eau.

CUIVRE Argent, business, carrière, fertilité.

GRIS Éloignement des influences négatives, sagesse, savoir, solitude, transformation.

JAUNE Apprentissage, assurance, débuts, bonheur, chaos, charisme, concentration, croissance, énergie, harmonie, imagination, inspiration, magie solaire, masculinité, mémoire, plaisir, succès, vitalité, voyages. Symbolise l'élément Air.

MARRON Animaux (domestiques ou non), biens matériels, concentration, construction, incertitude, indécision, neutralité, nourriture, problèmes financiers, stabilité. Symbolise l'élément Terre.

NOIR Ancrage, apprentissage, au-delà, défense, chasse la négativité, conjuration, contact avec les esprits, fierté, mauvais sorts, mort, nuit, protection, restrictions, sagesse, sûreté.

OR Abondance, chance, compréhension, divination, énergie masculine, énergie solaire, justice, luxe, positivité, prospérité, santé.

ORANGE Action, ambition, célébration, contre les addictions, créativité, expression personnelle, intellect, joie, opportunité, succès professionnel.

ROSE Amitié, amour, compassion, développement personnel, féminité, fertilité, guérison spirituelle et émotionnelle, harmonie domestique, maturité, romance, partenariat.

ROUGE Action, amour, assurance, conflit, courage, danger, désir, fertilité, feu, force, guerre, indépendance, passion, pouvoir sexuel, survie, vitalité. Symbolise l'élément Feu.

VERT Abondance, acceptation, argent, chance, contre la jalousie et l'envie, croissance, espoir, guérison physique et émotionnelle, magie végétale, prospérité.

VIOLET Contact avec les esprits, se débarrasser d'une habitude, indépendance, pouvoir spirituel, sagesse.

PLANÈTES ET ASTRES

JUPITER Chance, idéalisme, opportunité, prospérité, santé.

LUNE Calme, cycle, désir, équilibre, intuition, personnalité, rêves, sensibilité.

MARS Action, agression, énergie, sexe, volonté.

MERCURE Apprentissage, communication, compétences, pensée, sens, voyages.

NEPTUNE Créativité, esprit, pouvoirs psychiques, subconscient.

PLUTON Changement, cycle, liberté, originalité, renaissance.

SATURNE Ambition, business, détermination, justice, réalisme, self-control.

SOLEIL Bonheur, confiance en soi, énergie, fierté, individualité, succès.

URANUS Changement, connaissance, intuition, nouvelle, tension.

VÉNUS Amitié, amour, art, compassion, émotions, luxe, vie sociale.

☉	SOLEIL
☽	LUNE
☿	MERCURE
♀	VÉNUS
♂	MARS
♃	JUPITER
♄	SATURNE
♅	URANUS
♆	NEPTUNE
⯓	PLUTON

PHASES DE LA LUNE

NOUVELLE LUNE OU LUNE NOIRE Objectifs futurs, nouveaux projets, débuts, purification, amour, romance, santé, beauté, changement, évolution, élimination des énergies nocives et négatives, sagesse, divination.

PREMIER CROISSANT Régénération, nouveaux projets, planification, émotions, changement, guérison, amour, chance, animaux, business, sexe, positivité, prospérité, succès, amitié, protection.

PREMIER QUARTIER Action, attraction, équilibre, challenges, magie constructive, courage, amitié, croissance, guérison, santé, amour, chance, argent, persistance, positivité, pouvoir, prospérité, protection, force, succès, souhaits.

GIBBEUSE CROISSANTE Débuts, nouveaux projets, idées, inspiration, énergie, vitalité, liberté, rituels constructifs, émotions, courage, chance, motivation, ajustement, observation, méditation, patience, protection, prospérité, succès.

PLEINE LUNE Force, pouvoir, rituels à plusieurs, manifestation, protection, divination, beauté, santé, changement, compétition, famille, savoir, développement personnel, motivation, argent, projets artistiques, rêves, protection, décisions importantes, romance.

GIBBEUSE DÉCROISSANTE Élimination des énergies nocives et négatives, bannissement, suppression d'une addiction, décisions importantes, émotions, stress, protection, équilibre, calme, récolte, espoir, récupération, réflexion, succès, souhaits, ajustement.

DERNIER QUARTIER Bannissement, création de liens, se débarrasser d'une mauvaise habitude, briser une malédiction, pardon, bonheur, récolte, guérison, lâcher-prise, suppression d'une addiction, renouveau.

DERNIER CROISSANT Destruction, malédiction, mauvais sorts, désamour, rupture, addiction, stress, protection, élimination des énergies négatives.

LUNE BLEUE (pleine lune supplémentaire dans l'année, en plus des douze réglementaires) Guérison, logique, concentration, sagesse.

PLEINES LUNES

Chaque mois a sa pleine lune, et chacune de ces pleines lunes porte son nom et offre de nouvelles opportunités. De quoi être à l'affût et préparer ses rituels pour toute l'année !

JANVIER **Lune du Loup** : augmentation, chance, communication, communication avec les esprits, créativité, débuts, détermination, endurance, expression, féminité, guérison, loyauté, méditation, nuit, obscurité, passivité, pouvoirs psychiques, prospérité, protection, purification, réceptivité, renouveau, soins personnels, surmonter des obstacles, survie, travail, trouver son chemin.

FÉVRIER **Lune de Glace** : consécration, domesticité, famille, frontières, générosité, paix, pouvoirs psychiques.

MARS **Lune de la Tempête** : bannissement, conjuration, guérison, liberté, planification, préparation, prospérité, technologie.

AVRIL **Lune Rose** : amour, besoin, consécration, croissance, nouveaux départs, potentiel, relations.

MAI **Lune des Fleurs** : communication avec les esprits, engagement, fondations, nettoyage, prospérité, purification, spiritualité.

JUIN **Lune des Fraises** : amitié, amour, changement, introspection, sagesse, survie, voyages.

JUILLET **Lune du Tonnerre** : ancrage, justice, paix, pluie, purification, tempêtes, vérité.

AOÛT **Lune de L'Esturgeon** : émotivité, générosité, opportunité, protection.

SEPTEMBRE **Lune des Moissons** : achèvement, dettes, divination, récolte.

OCTOBRE **Lune du Chasseur** : argent, communication avec les esprits, foyer, protection, purification.

NOVEMBRE **Lune du Castor** : astrologie, bonheur, compétence, cosmos, foyer, paix, préparation, révélation.

DÉCEMBRE **Lune des Longues Nuits** : bonheur, buts, convivialité, générosité, stabilité.

S'ADAPTER À LA MÉTÉO

AVERSES Amitié, amour, beauté, compassion, pour se débarrasser d'un fardeau ou d'un trait de caractère indésirable (jalousie, possessivité, rancœur…), purification.

CANICULE Courage, énergie, protection.

ÉCLIPSES (SOLAIRES ET LUNAIRES) Bannissement, changement, protection, réflexion.

Certaines personnes choisissent de ne pas pratiquer de rituels pendant cette période qui est vue comme un moment de pause et de réflexion.

NEIGE Calme, deuil (littéral ou figuratif, dans le cas d'une rupture par exemple), purification.

ORAGES Pour donner plus de pouvoir à un sort ou à un rituel, protection.

VENT Concentration, inspiration, pour se débarrasser de mauvaises habitudes ou d'addictions, purification.

ÉLÉMENTS

AIR

Clarté, communication, connaissance, conscience, crédulité, débuts, discernement, divination, esprit, frivolité, impulsivité, inspiration, instruction, intelligence, intuition, liberté, logique, masculinité, mémoire, mouvement, optimisme, pensée abstraite, pouvoirs psychiques, sagesse, unité, visualisation, voyages.

COULEUR Jaune.

DIRECTION Est.

ÉLÉMENT OPPOSÉ Terre.

ENDROITS Aéroports, bibliothèques, bureaux, cieux, écoles, plaines, sommets, tours.

HERBES ET PLANTES Herbes aromatiques, feuilles volantes, fleurs parfumées.

HEURE Aube.

MÉTAUX Cuivre, étain.

MINÉRAUX Perle, pierres transparentes (citrine, topaze…).

OUTILS Instruments à vent.

PLANÈTES / ASTRES Jupiter, Vénus

SAISON Printemps.

SENS Ouïe.

SYMBOLES Fleurs parfumées, fumée d'encens, plume.

SYMBOLIQUE RITUELLE Éventer, jeter en l'air, suspendre, visualiser.

EAU

▽

Absorption, amour, bannissement, calme, changement, compassion, courants, créativité, émotions, féminité, fertilité, flexibilité, guérison, inconscient, indifférence, instabilité, intuition, méditation, mort, pardon, pouvoirs psychiques, purification, réceptivité, réflexion, relations, renaissance, rêves, sensibilité, transformation, tristesse, vie.

COULEUR Bleu.

DIRECTION Ouest.

ÉLÉMENT OPPOSÉ Feu.

ENDROITS Chambres à coucher, cours d'eau, baignoires, fontaines, piscines, plages, puits.

HERBES ET PLANTES Aloe vera, fleurs en général, plantes aquatiques (algues, nénuphars, roseaux…), succulentes.

HEURE Crépuscule.

MÉTAUX Mercure.

MINÉRAUX Pierres bleues (pierre de lune, lapis-lazuli, jade, aigue-marine…), spongieuses, transparentes.

OUTILS Calice, chaudron.

PLANÈTES / ASTRES Mercure, Saturne.

SAISON Automne.

SENS Odorat, goût.

SYMBOLES Coquillages, récipient plein d'eau.

SYMBOLIQUE RITUELLE Baigner, diluer, faire flotter, immerger.

FEU

△

Action, agressivité, autorité, bannissement, chaleur, colère, conscience, consommation, courage, créativité, destruction, divinité, énergie, enthousiasme, état sauvage, force, guérison, haine, illumination, jalousie, lumière, manifestation, masculinité, passion, pouvoir, prise de pouvoir, protection, purification, sexe, volonté.

COULEUR Rouge.

DIRECTION Sud.

ÉLÉMENT OPPOSÉ Eau.

ENDROITS Chambres à coucher, cheminées, déserts, fours, saunas, sources chaudes, volcans.

HERBES ET PLANTES Bougainvilliers, cactus, chardons, grains de café, graines, piments, plantes du désert, plantes urticantes.

HEURE Midi.

MÉTAUX Fer, or.

MINÉRAUX Pierres rouges, transparentes ou volcaniques (ambre, grenat, jaspe, obsidienne, pierre de lave, quartz, rubis…).

OUTILS Athamé.

PLANÈTES / ASTRES Mars, Soleil.

SAISON Été.

SENS Vue.

SYMBOLES Flamme.

SYMBOLIQUE RITUELLE Brûler, chauffer, enflammer.

TERRE

🜃

Abondance, ancrage, animaux, argent, croissance, empathie, équilibre, féminité, fertilité, fiabilité, fondations, force, guérison, harmonie, mort, nature, paresse, patience, platitude, prospérité, renaissance, rigueur, sagesse, solidité, stabilité, structure, succès, travail, vérité.

COULEUR Marron, vert.

DIRECTION Nord.

ÉLÉMENT OPPOSÉ Air.

ENDROITS Caves, champs, forêts, grottes, jardins, marchés, mines, parcs, serres, trous, vallées.

HERBES ET PLANTES Lichen, mousse, noix, plantes aux parfums riches (patchouli, vétiver…), plantes sèches, racines.

HEURE Nuit.

MÉTAUX Argent, plomb.

MINÉRAUX Pierres denses, opaques, sombres ou vertes (tourmaline, émeraude, agate…).

OUTILS Pentacle.

PLANÈTES / ASTRES Lune, Terre.

SAISON Hiver.

SENS Toucher.

SYMBOLES Glands, pierres, terre, sel.

SYMBOLIQUE RITUELLE Enterrer, planter.

HUILES ET ÉLÉMENTS

Lorsque vous travaillez avec un élément et que vous souhaitez le représenter autrement, vous pouvez utiliser ces substituts.

Dans un flacon rempli aux trois quarts d'une huile neutre, ajoutez les huiles essentielles correspondant aux éléments selon la liste ci-dessous. Servez-vous ensuite de ces huiles dans les rituels qui nécessitent de représenter un ou plusieurs éléments.

EAU

10 gouttes de jasmin
5 gouttes de thym
3 gouttes de menthe poivrée
2 gouttes de citron
2 gouttes de sauge
1 goutte de santal

AIR

10 gouttes de lavande
5 gouttes de romarin
3 gouttes de menthe
3 gouttes de citron
1 goutte de citronnelle
1 goutte d'ylang-ylang

FEU

10 gouttes de santal
5 gouttes d'orange
3 gouttes de gingembre
1 goutte de cannelle
1 goutte de clou de girofle

TERRE

10 gouttes de patchouli
5 gouttes de rose
3 gouttes de vétiver
2 gouttes de sauge
1 goutte de myrrhe

SELS

SEL D'EPSOM (sulfate de magnésium, les sels de bain) Confort, guérison, protection, purification, sérénité.

SEL ROSE D'HIMALAYA Amour (de soi ou d'autrui), assurance, bannissement, compassion, guérison, prise de pouvoir, protection, romance, souhaits.

SEL MARIN Abondance, amitié, ancrage, bannissement, consécration, Eau, force, pouvoirs psychiques, promesses, protection, purification, rituels, terre, travail, vie domestique.

Lorsque vous brûlez de la sauge, mettez les cendres de côté et utilisez-les pour faire du sel noir !

ENCENS

ANGÉLIQUE Compréhension, conscience, harmonie, intégration, méditation, protection, stabilité.

BENJOIN Apaisement de l'anxiété / de la colère / du deuil / de la fatigue et de la tristesse, se débarrasser des énergies négatives, équilibre émotionnel, purification.

BERGAMOTE Argent, assurance, concentration, courage, équilibre, force, joie, motivation, prospérité, protection, réconfort, vigilance.

CAMOMILLE Calme, harmonie, paix, paix intérieure, spiritualité.

CANNELLE Business, désir, force, guérison, pouvoirs psychiques, prospérité, stimulation, succès.

CARDAMOME Amour, désir, force, guérison, protection.

CERISE Attirer et stimuler l'amour et le désir.

CLOU DE GIROFLE Business, concentration, contre la peur, divination, mémoire, prospérité, protection, soulagement de la douleur, stimulation intellectuelle, succès.

COPAL Allégresse, amour, protection, purification, spiritualité.

CYPRÈS Assurance, concentration, confort, contre l'anxiété et le stress, force, guérison, vitalité, volonté.

EUCALYPTUS Guérison, protection, purification.

JASMIN Amour, argent, chance, compétences, purification, rêves.

LAURIER Pouvoirs psychiques, rêves prémonitoires.

LAVANDE Amour, bonheur, guérison, purification, relaxation, repos, sommeil.

LOTUS Allégresse, guérison, harmonie, méditation, paix intérieure, protection, spiritualité.

MÉLISSE Conjuration, guérison, purification.

MUSC Courage, désir, passion, prospérité, sensualité, vitalité.

MYRRHE Consécration, guérison, méditation, purification, spiritualité.

PATCHOULI Amour, argent, croissance, fertilité, maîtrise, sensualité.

PIN Ancrage, argent, force, guérison, purification.

ROSE Amour, apaisement, consécration de la maison, courage, fertilité, guérison, rêves prémonitoires.

SANG-DE-DRAGON Amour, contre la négativité, courage, pouvoirs psychiques, protection, purification.

SANTAL Guérison, protection, purification, spiritualité.

SAUGE Clarté, purification, sagesse.

YLANG-YLANG Amour, harmonie, euphorie.

BOUGIES PAR COULEUR

ARGENT ET GRIS Conjuration des énergies négatives, méditation, pouvoirs psychiques, stabilité.

BLANC Guérison, innocence, méditation, paix, pouvoirs psychiques, protection, pureté, purification, recherche de la vérité, sincérité, spiritualité, tranquillité, vérité.

Peut remplacer les autres couleurs.

BLEU Bonheur, calme, compréhension, Eau, harmonie, jovialité, loyauté, paix, patience, relaxation, rire, sagesse, santé, tranquillité, vérité.

INDIGO Clarté de l'esprit, contre les énergies négatives, contre la peur, inertie, méditation.

JAUNE Air, apprentissage, assurance, clairvoyance, communication, concentration, créativité, divination, énergie, imagination, inspiration, intelligence, mouvement, sagesse.

MARRON Aide à la prise de décision, concentration, équilibre émotionnel, intuition, prospérité, protection et guérison des animaux de compagnie, retrouver les objets perdus, stabilité.

NOIR Conjuration des énergies négatives, force, force tranquille, méditation, résilience, self-control, soutien.

OR Assurance, chance, charme, compréhension, intuition, persuasion, prospérité.

ORANGE Adaptabilité, attraction, autorité, chance, changement, contrôle, encouragement, énergie, force, guérison, pouvoir, stimulation.

ROSE Affection, amitié, amour, contre l'anxiété / la dépression / les peines de cœur, conversation, féminité, honneur, morale, relations, romance.

ROUGE Amour, courage, défense, énergie, enthousiasme, fertilité, Feu, force, guérison, naissance, mort, passion, sang, santé, sexe, vigueur, vitalité.

VERT Ambition, amour, chance, contre l'avidité / la jalousie, équilibre, fertilité, nature, prospérité, rajeunissement, renouveau, sérénité, succès, Terre.

VIOLET Ambition, idéalisme, inspiration, méditation, paix, pouvoir, pouvoirs psychiques, protection du foyer, purification, sagesse, sensibilité, succès.

Ne soufflez pas sur une bougie pour l'éteindre après un rituel – souffler dessus coupe le lien et chasse toute l'énergie accumulée pendant un rituel. Si vous devez éteindre une bougie, utilisez plutôt un éteignoir ou pincez la mèche après avoir humidifié vos doigts au préalable.

Pour personnaliser facilement une bougie, misez tout sur les bougies chauffe-plats ! Pas chères, pratiques, faciles à trouver et à stocker, ce seront vos meilleures alliées dans bien des situations. Pour transformer une bougie chauffe-plats en bougie rituelle, rien de plus simple : saupoudrez vos ingrédients à la surface (herbes, résines, racines, sels, une ou deux gouttes d'huile essentielle...), allumez, et boum, vous obtenez une bougie aux propriétés boostées en un rien de temps !

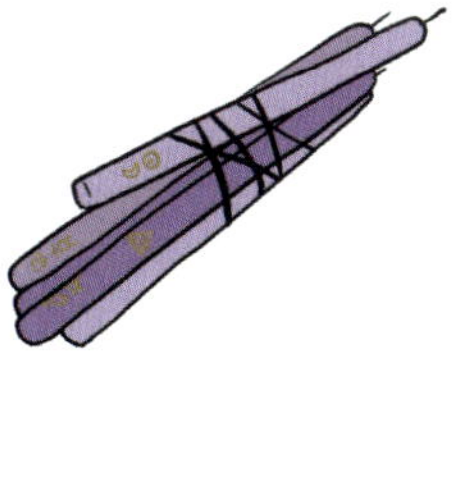

EAUX

EAU Absorption, amour, bannissement, beauté, calme, changement, compassion, courants, créativité, émotions, féminité, fertilité, flexibilité, guérison, inconscient, indifférence, instabilité, intuition, médiation, mort, pardon, pouvoirs psychiques, purification, réceptivité, réflexion, relations, rêves, sensibilité, transformation, tristesse, vie.

EAU D'ÉTANG Conjuration, immobilité, limites, silence.

EAU GAZEUSE Bannissement, malédiction, puissance, purification.

EAU DE LAC Abondance, immobilité, inconnu, richesse, spiritualité.

EAU DE MARÉCAGE Création de liens, invisibilité, maladie.

EAU DE MER/OCÉAN Bannissement, concentration, immensité, peur, pouvoir, protection, purification, vie.

EAU DE PLUIE Croissance, pouvoir, renaissance.

EAU DE RIVIÈRE Charge, conjuration, énergie, mouvement, pouvoir.

EAU DE TEMPÊTE Bannissement, charge, clarté, énergie, force, malédiction, motivation, purification.

GLACE FONDUE Créativité, croissance, fugacité, harmonie, préservation, protection, purification.

GRÊLE FONDUE Agressivité, blessures, malédiction, mauvaises intentions.

NEIGE FONDUE Changement, délicatesse, équilibre, fins, guérison, pouvoir, pureté, ralentissement, résolutions, tranquillité, transformation.

ROSÉE Amour, charme, délicatesse, fertilité.

ÉPICES ET AROMATES

CÂPRE Amour, chance, désir, puissance.

CARDAMOME Amour, assurance, clarté, courage, désir, fidélité, intimité, sexe.

CUMIN Assurance, bonheur, équilibre, fidélité, paix, promesses, protection, protection contre le vol, purification.

CURCUMA Briser un sort, courage, pouvoir, protection, purification.

CURRY Conjuration, protection.

GRAINES DE MOUTARDE Abondance, argent, chance, contre les cauchemars, courage, créativité, endurance, fertilité, foi, malédiction, pouvoirs psychiques, prise de décision, protection, purification, santé mentale, sexe, succès.

NOIX DE MUSCADE Abondance, amour, art, assurance, briser une malédiction, chaleur, chance, chance aux jeux, connaissance, créativité, divination, éducation, énergie, fidélité, intellect, méditation, pouvoirs psychiques, promesses, prospérité, protection, réjouissance, sexe, travail.

PAPRIKA Conjuration, créativité, énergie, force, guérison, malédiction, pouvoir, protection.

PIMENT DE CAYENNE Bannissement, briser une malédiction, conjuration, contre les cauchemars, énergie, feu, fidélité, force, passion, persévérance, pouvoir, protection, purification, séparation, sommeil, suppression des blocages.

POIVRE Antinégativité, augmente la puissance des sorts, conjuration, malédiction, mauvais sorts, protection, ragots.

SAFRAN Amour, bonheur, changement, désir, force, guérison, pouvoirs psychiques, vent.

SÉSAME Argent, désir.

HERBES ET PLANTES

ACHILLÉE MILLEFEUILLE Amour, communication, confiance en soi, courage, Eau, guérison, mariage, pouvoirs psychiques, protection.

AIL Argent, assurance, bravoure, briser un sort, clairvoyance, courage, désir, divination, force, longévité, protection, ragots, santé, sexe, succès.

ALGUES BRUNES Croissance, famille, jeunesse, maturité.

ALGUES ROUGES Anciens, divination, maturité, passé, pouvoirs psychiques.

ALGUES VERTES Chance, croissance, richesse, travail, vieillissement, voyages.

AMARANTE Apaiser les blessures du cœur, guérison, protection, rites funéraires.

ANETH Amour, argent, attraction, chance, conjuration, connaissance, désir, éducation, pouvoirs psychiques, prise de décision, prospérité, protection, relations, santé, travail.

ANGÉLIQUE Guérison, protection, visions.

ANIS Anticauchemars, bonheur, calme, chance, conscience, créativité, désir, divination, éloigne le mauvais œil, jeunesse, méditation, pouvoirs psychiques, protection, purification, sommeil.

ARMOISE Chasse les mauvais esprits, divination, protection, rêves prémonitoires.

BASILIC Amour, bannissement des ondes négatives, chance, clairvoyance, désir, divination, fertilité, force, fidélité, harmonie, honnêteté, paix, positivité, prospérité, protection, purification, romance, sexe, souhaits.

CAMOMILLE Amour, antianxiété, anticauchemars, antidépression, antistress, argent, beauté, chance, méditation, prospérité, protection, purification, relaxation, rêves, romance, sérénité, sommeil.

CAMPHRE Argent, brise un sort, chance, endurance, guérison, propriété, prospérité, protection, santé, sécurité, stabilité, voyages.

CANELLE Amour, argent, augmente la puissance des sorts, chance, clairvoyance, connaissance, désir, divination, force, harmonie, inspiration, paix, prospérité, protection, romance, sagesse, santé, souhaits, sexe, succès.

CERFEUIL Communication avec les esprits, divination, nécromancie, pouvoirs psychiques.

CITRONNELLE Apaisement, art, clarté, conscience, créativité, désir, divination, énergie, ouverture, pouvoirs psychiques, purification, rêves.

CLOU DE GIROFLE Amour, argent, attraction, bannissement, chance, clarté, conjuration, courage, désir, divination, énergie, guérison, malédiction, mémoire, mouvement, passion, pouvoir, pouvoirs psychiques, prospérité, purification, relâche, santé, succès, travail.

CORIANDRE Abondance, amour, désir, fidélité, guérison, harmonisation, immortalité, indépendance, paix, protection, santé.

CYCLAMEN Bonheur, désir, fertilité, longévité, protection, romance.

DAHLIA Abondance, amour de soi, créativité, force.

EUCALYPTUS Clarté, énergie, guérison, inspiration, méditation, progrès, protection, purification.

FENOUIL Amour, argent, chance, changement, conjuration, consécration, courage, énergie, force, longévité, protection, protection contre les malédictions, purification, virilité, vitalité.

GENTIANE Force, manifestation, pouvoir.

GINGEMBRE Amour, argent, aventure, changement, désir, équilibre, fertilité, force, indépendance, passion, pouvoir, pouvoirs psychiques, prospérité, protection psychique, purification, romance, sexe, vitesse.

GINSENG Amour, argent, beauté, désir, énergie, fertilité, guérison, protection, puissance, santé, sexualité, souhaits.

HÉLIOTROPE Bannissement, bonheur, divination, force, guérison, invisibilité, prospérité, protection, rêves, spiritualité.

HIBISCUS Amour, attraction, beauté, créativité, désir, divination, indépendance, liberté, lumière, passion, pouvoirs psychiques, romance, rêves, sagesse, sexe.

HYSOPE Calme, prospérité, protection, purification, relaxation, spiritualité.

JASMIN Amour, argent, rêves prémonitoires.

LAURIER (feuilles) Amour, argent, cauchemars, chance, clairvoyance, connaissance, divination, énergie, force, harmonie, inspiration, mémoire, paix, prestige, prophéties, protection, purification, romance, sagesse, santé, souhaits, succès.

LAURIER-ROSE (attention, extrêmement toxique, ne pas ingérer) Amour, bannissement, féminité, malédiction, Terre.

LAVANDE Amour, antianxiété, antidépression, antistress, argent, bonheur, chance, chasteté, clairvoyance, concentration, désir, divination, équilibre, fertilité, harmonie, mémoire, paix, positivité, pouvoirs psychiques, protection, purification, relaxation, rêves, santé, sexe, sommeil, virilité.

LIERRE Bannissement, conjuration, fertilité, fidélité, protection.

LILAS Chance, éloignement des influences négatives, purification, romance, sagesse, séduction.

LOTUS Amour, beauté, chance, création, croissance, détachement, détermination, élévation, endurance, foi, générosité, guérison, longévité, méditation, ouverture, patience, pouvoirs psychiques, prospérité, protection, puissance, pureté, renaissance, renouveau, résurrection, soleil, souhaits, spiritualité.

MAGNOLIA Amour, beauté, calme, fidélité, guérison, harmonie, loyauté, méditation, paix, pouvoirs psychiques, santé, sommeil, spiritualité.

MANDRAGORE Amour, argent, fertilité, protection, santé.

MARJOLAINE Amour, argent, bonheur, guérison, protection, santé.

MÉLISSE Amour, antistress, calme, camaraderie, famille, interactions, relaxation, sommeil.

MENTHE Amour, antistress, argent, chance, clairvoyance, désir, mémoire, pouvoirs psychiques, protection, purification, romance, sexe, santé.

MIMOSA Amour, briser une malédiction, pouvoirs psychiques, protection, purification, rêves prémonitoires.

NÉNUPHAR Connaissance, innocence, maturité, modestie, persévérance, sagesse.

OIGNON Argent, briser un sort, clairvoyance, désir, divination, guérison, protection, ragots, rêves prémonitoires, santé, sexe, succès.

ORIGAN Amour, animaux, bonheur, chance, croissance, harmonie, paix, peines de cœur, positivité, pouvoirs psychiques, protection, rêves prémonitoires, romance, santé.

ORTIE Amour, antimalédiction, bannissement, briser un sort, désir, énergie, envie, force, guérison, indépendance, jalousie, malédiction, passion, protection, pouvoirs psychiques, ragots, repousser, santé, sexe.

PATCHOULI Amour, ancrage, argent, briser un sort, chance, changement, courage, désir, énergie, fertilité, force, malédiction, méditation, passion, pouvoir, prospérité, protection, sexualité, volonté, Terre.

PERCE-NEIGE Espoir, mort, promesses, pureté, purification.

PERSIL Amour, argent, calme, chance, désir, force, guérison, mort, pouvoirs psychiques, progrès, prospérité, protection, purification, relations, santé, sexe, succès, vitalité.

PISSENLIT Amour, argent, bannissement, bonheur, chance, communication avec les esprits, divination, énergie, guérison, enrichissement, honneur, pouvoirs psychiques, protection, purification, relâche, rêves, souhaits.

PRIMEVÈRE Amour, guérison, honnêteté, loyauté, lumière, protection, réponses, résolution, respect, révélation, vérité.

RÉGLISSE Amour, attraction, désir, énergie, fidélité, guérison, immortalité, longévité, promesses, santé.

RHUBARBE Fertilité, fidélité, paix, protection.

ROMARIN Amour, antidépression, argent, assurance, beauté, bravoure, chance, compassion, connaissances, consécration, courage, désir, fidélité, force, harmonie, inspiration, longévité, loyauté, méditation, mémoire, paix, pouvoirs de divination, protection, protection contre les cauchemars, purification, rêves, romance, sagesse, santé, sommeil, souhaits, vérité.

C'est aussi la plante joker, celle qui peut remplacer à peu près toutes les autres si vous n'avez rien de plus sous la main – et celle qu'il faut donc toujours avoir en stock.

ROSE Abondance, amitié, amour (de soi et d'autrui), attraction, beauté, bonheur, calme, chance, consécration, courage, délicatesse, désir, divination, énergie, ouverture, paix, passion, pouvoirs psychiques, promesses, protection, purification, relations, relaxation, rêves, sexe, spiritualité.

SAUGE Amour, clairvoyance, connaissance, désir, divination, harmonie, inspiration, longévité, méditation, paix, prospérité, protection, purification, romance, sagesse, santé, sexe, souhaits, vœux de richesse.

THYM Amour, anticauchemars, antimalédiction, argent, assurance, bannissement, bonheur, bravoure, chance, clairvoyance, compassion, courage, divination, méditation, pouvoirs psychiques, positivité, purification, rêves, rêves prémonitoires, romance, santé, sommeil.

TRÈFLE Amour, animaux de compagnie, argent, bannissement, beauté, chance, consécration, courage, désir, divination, fidélité, jeunesse, masculinité, prospérité, protection, santé mentale.

TUBÉREUSE Amour, attraction, calme, émotions, paix, pouvoirs psychiques, relaxation, romance, sensualité, sérénité, sexe.

VALÉRIANE Amour, antimalédiction, calme, créativité, harmonie, mémoire, paix, protection, purification, réconciliation, relaxation, repos, rêves, sommeil, succès.

VANILLE Amour, beauté, bonheur, calme, chaleur, chance, changement, désir, douceur, énergie, force, harmonie, innocence, paix, passion, pouvoir, pouvoirs psychiques, relations, relaxation, santé mentale.

VARECH Connaissance, famille, océan, persévérance, pouvoirs psychiques, protection, richesse, sagesse, santé.

N'oubliez pas de dire merci lorsque vous cueillez une fleur ou une plante !

FRUITS ET LÉGUMES

ABRICOT Amour, attraction, beauté, bonheur, paix, passion, unité.

AVOCAT Amour, beauté, bonheur, désir, guérison, jeunesse, longévité, sexe, transformation.

BANANE Abondance, argent, chance, croissance, énergie, fertilité, mémoire, passion, patience, prospérité, protection, puissance, santé, sommeil, succès.

CANNEBERGE Action, ancrage, buts, courage, détermination, guérison, passion, persévérance, positivité, protection.

CERISE Amour, beauté, bonheur, créativité, désir, direction, divination, énergie, faveurs, fertilité, frugalité, invisibilité, puissance, relations, rêves, sexe, sommeil.

CITRON Amitié, amour, bannissement, beauté, bonheur, chasteté, communication avec les esprits, divination, énergie, équilibre, guérison, joie, justice, longévité, malédiction, neutralité, paix, pouvoirs psychiques, promesses, protection, purification, relâche, relations, santé, suppression des blocages.

CITRON VERT Amour, bannissement, calme, chasteté, divination, énergie, fidélité, force, guérison, joie, malédiction, neutralité, paix, protection, purification, relâche, relaxation, tranquillité.

CITROUILLE Abondance, équilibre, féminité, fertilité, guérison, immortalité, prospérité, résurrection, rêves, santé.

DATTE Amour, bonheur, chance, concentration, divination, énergie, fertilité, force, puissance, rajeunissement, renouveau.

FIGUE Abondance, amour, argent, chance, connaissance, créativité, divination, éducation, énergie, équilibre, fertilité, force, harmonie, inspiration, invisibilité, paix, promesses, protection, protection des voyageurs, sagesse, santé, sexe.

FRAISE Abondance, amitié, amour, attraction, beauté, chance, guérison, relations, sexe, succès.

FRAMBOISE Amour, bonheur, courage, endurance, fiabilité, force, guérison, protection, relations, sexe.

FRUIT DE LA PASSION Amour, calme, paix, sommeil.

GRENADE Abondance, amour, argent, attraction, communication avec les esprits, chance, créativité, divination, fertilité, prospérité, souhaits, travail.

KAKI Bonheur, chance, fluidité, guérison, transformation.

KIWI Abondance, amour, fertilité, relations.

MANDARINE Amour, bannissement, bonheur, créativité, énergie, équilibre, force, inspiration, joie, prospérité, protection, purification, relaxation, vitalité.

MANGUE Amour, équilibre, fertilité, harmonie, joie, longévité, protection, santé, satisfaction, sexe.

MELON Amour, gentillesse, protection.

MÛRE Changement, clarté, connaissance, divination, fertilité, force, pouvoirs psychiques, promesses, protection, sagesse, volonté.

NECTARINE Amour, fertilité, protection.

NOIX DE COCO Abondance, amour, assurance, chance, chasteté, énergie, fertilité, force, générosité, guérison, opportunité, pouvoirs psychiques, protection, purification, vie.

OLIVE Abondance, argent, attraction, beauté, bonheur, désir, fertilité, guérison, paix, pardon, protection, puissance, purification, réconciliation, sécurité, sexe.

ORANGE Abondance, amitié, amour (de soi et d'autrui), argent, assurance, attraction, beauté, bonheur, buts, chance, consécration, courage, créativité, divination, énergie, fertilité, force, harmonie, intuition, joie, optimisme, ouverture, paix, positivité, pouvoirs psychiques, promesses, prospérité, purification, rafraîchissement, réjouissance, relations, repos, rêves, santé, stabilité, travail.

PAMPLEMOUSSE Assurance, bonheur, débuts, énergie, joie, manifestation, paix, purification.

PÊCHE Abondance, amour, bonheur, divination, fertilité, longévité, naissance, paix, protection, sagesse, sensualité, sexe, souhaits, tranquillité.

PIMENT Amour, briser une malédiction / un sort, fidélité, guérison, indépendance, malédiction, protection, purification.

POIRE Amour, argent, beauté, chance, croissance, désir, fertilité, joie, longévité, prospérité, renouveau, santé, souhaits, succès, vie.

POIVRON Amour, conjuration, créativité, énergie, force, guérison, prospérité, protection, santé mentale.

POMME Abondance, âme, amitié, amour, ancêtres, attraction, bannissement, beauté, bonheur, communication avec les esprits, connaissance, contentement, éducation, énergie, fertilité, fidélité, force, guérison, immortalité, jardinage, jeunesse, longévité, mort, nécromancie, paix, paix de l'esprit, prospérité, protection, purification, relations, sagesse, santé, succès.

POMME DE TERRE Argent, chance, conscience, guérison, pouvoirs psychiques, vérité, vision.

PRUNE Amour, beauté, fertilité, guérison, paix, protection, purification.

ARBRES ET ÉCORCES

ACACIA Amitié, amour, amour platonique, argent, bannissement, buts, inspiration, méditation, pouvoirs psychiques, protection, purification, sagesse, spiritualité.

AUBÉPINE Bannissement, bonheur, carrière, chasteté, courage, créativité, énergie, fertilité, frontières, pouvoirs psychiques, protection, purification, réconciliation, travail.

AULNE Divination, enseignement, mort, musique, poésie, prise de décision.

BAMBOU Chance, protection, souhaits. Les quatre éléments.

BOULEAU Communication avec les esprits, consécrations, croissance, débuts, fertilité, nécromancie, protection, purification, santé.

CÈDRE Amour, argent, assurance, bonheur, buts, calme, chance, communication avec les esprits, confort, courage, croissance, divination, fidélité, force, guérison, longévité, manifestation, méditation, nécromancie, pouvoir, pouvoirs psychiques, préservation, prospérité, protection, purification, relaxation, self-control, succès, volonté.

CHÊNE Abondance, argent, assurance, attraction, chance, connaissance, contrôle, courage, engagement, exploration, fertilité, force, guérison, indépendance, jeunesse, longévité, manifestation, pouvoir, prospérité, protection, puissance, purification, sagesse, santé, sécurité, succès.

CYPRÈS Assurance, bannissement, calme, chance, communication avec les esprits, confort, consécration, équilibre, divination, guérison, longévité, méditation, mort, nécromancie, protection, relâche, relaxation, stabilité, tranquillité.

ÉBÈNE Manifestation, pouvoir, protection.

ÉRABLE Amour, argent, assurance, chance, divination, longévité, prospérité, santé.

FRÊNE Autorité, chance, croissance, divination, force, guérison, invincibilité, pouvoir, prospérité, protection, responsabilités, rêves, santé, sexe, voyages.

HÊTRE Bonheur, divination, inspiration, souhaits.

IF Amour, bannissement, briser une malédiction, buts, communication avec les esprits, connexion, deuil, fins, force, immortalité, longévité, malédiction, mort, nécromancie, permanence, protection, réincarnation, renaissance, résurrection.

MARRONNIER Argent, chance, divination, guérison, prospérité.

NOYER Guérison, protection.

ORNE Amour, protection.

PIN Action, amitié, amour, ancrage, argent, clarté, communication avec les esprits, concentration, connaissance, croissance, débuts, désir, divination, énergie, équilibre, fertilité, force, guérison, illumination, inspiration, prospérité, protection, purification, sagesse, santé, succès.

SAPIN Bannissement, changement, clarté, communication avec les esprits, courage, création de liens, énergie, force, longévité, perspicacité, protection, purification.

SAULE Amour, briser un sort, clarté, communication avec les esprits, créativité, deuil, divination, éclaircissement, empathie, enchantements, facultés mentales, flexibilité, force, guérison, intuition, méditation, nécromancie, paix, pouvoirs psychiques, protection, purification, sagesse, santé, souhaits, vérité.

SUREAU Bannissement, communication avec les esprits, consécration, divination, énergie, féminité, guérison, honneur, joie, nécromancie, positivité, pouvoirs psychiques, prospérité, protection, protection contre la sorcellerie, repos, rêves, sagesse, santé, sommeil.

TILLEUL Amour, chance, coopération, diplomatie, guérison, immortalité, justice, partenariats, pouvoir, protection, repos, sommeil.

NOIX

AMANDE Abondance, amour, argent, business, chance, divination, fertilité, guérison, objectifs à long terme, prospérité, protection, rêves, sagesse, santé, sommeil, succès, travail.

CACAHUÈTE Amitié, amour, beauté, promesses, prospérité, santé.

CHÂTAIGNE Abondance, ambition, amour, argent, chance, guérison, opportunité, relations, sexualité.

NOISETTE Chance, connaissance, divination, fertilité, inspiration, invisibilité, justice, persuasion, prise de décision, protection, sagesse, santé mentale, souhaits.

NOIX Chance, connaissance, consécration, divination, éducation, énergie, fertilité, guérison, pouvoirs psychiques, protection, santé, santé mentale, souhaits.

NOIX DU BRÉSIL Amour, chance, prise de décision.

NOIX DE CAJOU Amour, argent, communication, prospérité, travail.

NOIX DE PÉCAN Argent, business, carrière, prospérité, succès, travail.

NOYAUX DE FRUITS Amour, ancrage, cœur, fertilité, renaissance.

PISTACHE Bannissement, briser un sort d'amour, sommeil.

POMME DE PIN Argent, force, prospérité, santé.

GRAINES ET CÉRÉALES

AVOINE Abondance, ancrage, argent, prospérité, rêves, santé, travail.

BLÉ Argent, fertilité, prospérité, travail.

FARINE Abondance, ancrage, prospérité.

LIN Anticauchemars, argent, beauté, guérison, pouvoirs psychiques, prospérité, protection.

ORGE Amour, argent, bonheur, fertilité, guérison, prospérité, protection, récolte, relations, santé.

RIZ Abondance, argent, chance, connaissance, connexion, fertilité, longévité, pluie, prospérité, protection, pureté, santé, sexe, sommeil, spiritualité, succès.

SEIGLE Amour, fertilité, fidélité, pluie, promesses, self-control.

ALCOOLS

BIÈRE Bonheur, chance, purification.

CHAMPAGNE (et vins pétillants) Amour, bonheur, célébration, chance, complétion, débuts, espace, Feu, opportunité, pouvoir, prospérité, succès.

CIDRE Amour, positivité, santé.

RHUM Amour, attraction, force, protection.

VIN BLANC Amitié, amour, bonheur, énergie, fins, joie, purification, relations, succès.

VIN ROSÉ Allégresse, amitié, amour, chance, débuts, excitation, gaieté, passion, relaxation, romance.

VIN ROUGE Amour, argent, bonheur, contemplation, désir, passion, santé, succès, Terre.

WHISKY Purification.

THÉS

OOLONG Beauté, concentration, connexion, réflexion, sagesse.

THÉ Argent, beauté, chance, changement, connaissance, courage, désir, éducation, force, prise de décision, promesses, prospérité, repos, santé mentale.

THÉ BLANC Air, bonheur, clarté, conscience, manifestation, méditation, protection, purification, sagesse.

THÉ NOIR Bannissement, Eau, énergie, fins, force, purification, stabilité, Terre.

THÉ VERT Amour, énergie, Feu, guérison, passion, pleine conscience, sexualité.

YERBA MATÉ Amour, attraction, désir, fidélité.

CRISTAUX ET MINÉRAUX

Les cristaux et les minéraux sont à manipuler avec soin. Certains provoquent des irritations en contact prolongé avec la peau et ne doivent en aucun cas être ingérés, même en petites quantités. De plus, certains cristaux et minéraux ne supportent pas les rayons du soleil, le contact avec le sel ou l'eau, par exemple – pensez donc à vérifier avant, histoire de ne pas les endommager !

AGATE Abondance, amertume, amitié, amour, ancrage, assurance, bonheur, calme, chance, clarté, compétitivité, contre les cauchemars / la colère, courage, créativité, éloquence, endurance, énergie, équilibre, estime de soi, éveil, fertilité, force, guérison, harmonie, inspiration, intelligence, longévité, manières, perspicacité, prospérité, protection, rêves, santé, soutien, vérité.

AIGUE-MARINE Antistress, beauté, calme, courage, créativité, équilibre, espoir, joie, modération, rajeunissement, tolérance.

ALBÂTRE Calme, clarté, équilibre, méditation, pardon.

ALEXANDRINE Amour, bienveillance, chance, compassion, joie, stabilité émotionnelle.

AMAZONITE Amour, calme, clarté, communication, concentration, créativité, croissance, endurance, équilibre, espoir, estime de soi, guérison, harmonie, honneur, intégrité, intuition, perspicacité, pouvoirs psychiques, réflexion, succès, vérité.

AMBRE Affirmation de soi, énergie, protection, purification, transforme les énergies négatives en énergies positives.

AMÉTHYSTE Abondance, acceptation, amitié, amour, apaisement, bonheur, calme, communication, compassion, connexion, courage, créativité, divination, équilibre, estime de soi, fidélité, guérison, harmonie, intuition, loi, longévité, méditation, optimisme, paix, parole, perspicacité, peur, positivité, pouvoirs psychiques, prospérité, protection, purification, rêves, sagesse, sang-froid, sommeil, stabilité, tranquillité, visualisation, voyages.

APATITE Communication, équilibre, harmonie, inspiration, motivation, solidarité.

AVENTURINE Abondance, amitié, argent, art, assurance, bonheur, calme, chance, chance aux jeux, clarté, concentration, consécration, croissance, détermination, équilibre, estime de soi, guérison, imagination, intelligence, jugement, motivation, opportunité, ouverture, paix, perception, positivité, potentiel, pouvoirs psychiques, prospérité, protection, purification, succès, travail, vitalité.

CALCITE Clarté, manifestation, pardon, perspicacité.

CITINE Assurance, chance, clarté, concentration, contre la négativité, courage, créativité, endurance, optimisme, ouverture, protection, sommeil, succès.

DIOPSIDE Calme, contre la colère et l'envie de vengeance, pardon, sérénité.

ÉMERAUDE Compassion, espoir, fidélité, recul, santé, stabilité émotionnelle.

ÉPIDOTE Calme, équilibre, modération, patience, pragmatisme, prise de décision, recul, sagesse, stabilité.

FLUORINE Clarté, contre les énergies négatives et les influences néfastes, équilibre et stabilité des relations, protection, purification.

HÉMATITE Ancrage, calme, divination, écoute, guérison, intuition, patience, sommeil tranquille.

JADE Abondance, accord, amitié, amour, argent, assurance, bienveillance, bonheur, calme, divination, endurance, estime de soi, féminité, fertilité, fidélité, harmonie, joie, longévité, mémoire, paix, potentiel, prospérité, protection, providence, purification, ressource, rêves, sagesse, santé.

JASPE Confort, connexion, introspection, rêves, Terre.

LABRADORITE Calme, courage, divination, force, imagination, introspection, patience, protection, transformation.

LAPIS-LAZULI Assurance, courage, créativité, guérison, force, sagesse, tranquillité.

MALACHITE Concentration, contre la négativité, guérison, inspiration, pouvoir, protection, sagesse, succès.

OBSIDIENNE Ancrage, clarté, divination, guérison, manifestation, protection, résilience.

ŒIL-DE-TIGRE Anti-anxiété, clarté, compréhension, contre la peur, discernement, équilibre, harmonie, prise de décision, prospérité, sérénité.

OPALE Abondance, attraction, beauté, chance, changement, créativité, espoir, guérison, inspiration, invisibilité, mémoire, pouvoir, prospérité, purification, relations, rêves, soutien, spontanéité, voyages.

PERLE Amour, beauté, compassion, émotions positives, jeunesse, paix, prospérité.

PÉRIDOT Compassion, concentration, croissance, équilibre, intuition, guérison, prospérité, protection, purification.

PIERRE DE LUNE Amour, calme, clarté, compassion, compréhension, créativité, débuts, divination, espoir, ouverture d'esprit, protection, voyages.

PYRITE Ancrage, clarté, harmonie, logique, mémoire, prospérité, vitalité, volonté.

QUARTZ Ancrage, équilibre, force, guérison, harmonie, méditation, protection.

QUARTZ ROSE Acceptation, amitié, amour (de soi et d'autrui), assurance, beauté, bonheur, calme, chance, compassion, concentration, confiance, confort, courage, créativité, énergie, équilibre, estime de soi, féminité, gentillesse, guérison, harmonie, imagination, joie, mort, naissance, optimisme, paix, pardon, persévérance, positivité, protection, relâche émotionnelle, rêves, soin de soi, spiritualité, suppression des blocages, tranquillité.

Sa versatilité fait de lui un cristal joker qui peut servir à tout et remplacer à peu près tous les autres, c'est donc un must-have.

SÉLÉNITÉ Clarté, communication, connexion, conscience, intuition, méditation.

TOPAZE Abondance, amitié, communication avec les esprits, créativité, guérison, inspiration, protection, prospérité, subconscient, tranquillité.

TOURMALINE Abondance, amour, ancrage, assurance, bannissement, bonheur, calme, certitude, chance, concentration, contre les cauchemars, courage, créativité, équilibre, gentillesse, guérison, paix, positivité, prise de décision, protection, purification, sommeil, stabilité, succès.

TURQUOISE Calme, chance, créativité, équilibre, ouverture psychique, protection.

PAR FORMES ET ASPECTS

AMAS Amitié, coopération, harmonie, intimité, protection, purification.

Peut être utilisé pour purifier et charger les autres cristaux.

CUBE Ancrage, méditation.

ŒUF Équilibre, fertilité, guérison.

GÉODE Ancrage, guérison, protection.

PIERRE BRUTE Énergie forte / sporadique.

PIERRE POLIE Énergie diffuse / douce / équilibrée.

POINTE Énergie directe / concentrée, guérison.

PYRAMIDE Contre les blocages, énergie concentrée, manifestation.

SPHÈRE Divination, énergie équilibrée.

Lorsque vous préparez une potion qui ne doit pas être ingérée, ajoutez un cristal au fond de la bouteille pour signaler que la préparation n'est pas potable.

COQUILLAGES

BUCCINS Changement, compréhension, contrôle, positivité.

CAURI Amour, argent, destin, féminité, fertilité, force, océan, prospérité, protection, sexualité, Terre.

CÉRITHE Masculinité, sexualité.

CONQUE Beauté, clarté, communication, féminité, force, grâce, invocation, liberté, mouvement, noblesse, parole.

COQUE Amitié, amour, émotions, famille, relations.

COQUILLE D'HUÎTRE Amour, bannissement, chance, transmutation.

COQUILLE SAINT-JACQUES Changement, diversité, mouvement, voyages.

Également utilisé pour remplacer n'importe quel autre coquillage. Sert à tout, et facile à trouver.

NAUTILE Ancrage, concentration, connexion, création, croissance, écriture, évolution, foyer, motivation, nuit.

ORMEAU Affirmation, amour (de soi et d'autrui), beauté, calme, chance, créativité, croissance, équilibre, gentillesse, guérison, imagination, intuition, méditation, océan, paix, pouvoir, pouvoirs psychiques, protection, purification, soins, spiritualité, Terre.

Très utilisé comme brûleur d'encens et pour tout acte de fumigation.

PALOURDE Amitié, amour, déesse, purification.

PATELLE Assurance, courage, endurance, force.

TARIÈRE Courage, fertilité, guérison, masculinité, pouvoir.

MÉTAUX

Attention, certains métaux, dont le mercure et le plomb, peuvent être très dangereux. Utilisez de préférence des symboles correspondants plutôt que les matériaux en eux-mêmes.

ACIER Conjuration, contre les cauchemars, protection et défense personnelle.

ALUMINIUM Capacités mentales, partenariats, protection dans les voyages.

ARGENT Intuition, neutralisation des énergies négatives, pouvoirs psychiques, rêves.

BRONZE Compromis, justesse.

CUIVRE Amitié, amour, chance, créativité, énergie, guérison, ouverture d'esprit, paix, prospérité, relations, sensualité.

ÉTAIN Business, chance, divination, prospérité, succès.

FER Agressivité, ancrage, courage, détermination, énergie, force, protection, volonté.

LAITON Prospérité, protection.

Peut remplacer l'or.

MERCURE Clarté d'esprit, dualité, échanges, intellect.

NICKEL Catalyseur, énergie, manifestation, protection.

OR Confiance en soi, créativité, espoir, investissements, pouvoir, prospérité.

PLATINE Équilibre, intuition, méditation.

PLOMB Ancrage, bannissement, contre les mauvaises habitudes, défense personnelle, malédiction, mauvais sorts, persévérance, protection, stabilité.

ZINC Croissance, protection, transformation.

ANIMAUX

ABEILLE Amour, chance, communauté, communication, communication avec les esprits, concentration, famille, féminité, messages, prospérité, rassemblement, réincarnation, sagesse, service, travail, travail d'équipe.

ALOUETTE Gaieté, soleil.

ARAIGNÉE Chance, conjuration, contre les cauchemars, création, créativité, destin, féminité, illusion, industrie, inspiration, mysticisme, protection du sommeil, réseaux, rêves, sagesse, vie.

BALEINE Eau, initiation, rajeunissement.

BÉLIER Énergie, force, intrépidité, motivation, pouvoir, protection, virilité.

CHAT Allégresse, connaissance, enchantement, équilibre, gardiens, grâce, indépendance, intégrité, intelligence, lune, pouvoirs psychiques, purification, sagesse, vérité.

CHAUVE-SOURIS Changement, deuil, espionnage, idées, initiation, invisibilité, lune, renaissance, rêves, sympathie, transition, vies antérieures.

CHEVAL Courage, divination, fertilité, liberté, lune, mouvement, pouvoir, pouvoirs psychiques, protection, stabilité, Terre, voyages.

CHÈVRE Abondance, agilité, assurance, flexibilité, guérison, indépendance, soleil, ténacité.

CHIEN Assurance, avertissements, camaraderie, dévotion, famille, fidélité, loyauté, lune, protection, sagesse, service, Terre.

CHOUETTE Air, obscurité, patience, perspicacité, rêves, sagesse, tromperie, vérité, vision, voyages.

COCCINELLE Bonheur, chance, consécration, rêves, souhaits.

COCHON Connaissance, intelligence, renouveau, ruse, Terre, vérité.

CORBEAU Frontière entre les deux mondes, intuition, magie, messages de l'autre monde, mystère.

CORNEILLE Messages, pouvoirs psychiques, prophéties.

COYOTE Aptitude, instinct, intelligence, inventivité, ressource, transformation.

CRIQUET Abondance, bonheur, chance, chanson, consécration, joie, méditation.

CYGNE Amour, beauté, mémoire, rêves, transformation.

DAUPHIN Divination, pouvoirs psychiques, vie.

DINDE Charité, sacrifice personnel.

ÉCUREUIL Activité, allégresse, assurance, changement, conscience, découverte, énergie, équilibre, préparation, relations sociales, ressource, Terre.

ÉLÉPHANT Dignité, fiabilité, fierté, pouvoir, royauté.

ESCARGOT Chance, détermination, divination, méditation, naissance, paix, persévérance, protection.

FOURMI Artisanat, communauté, discipline, énergie, force, industrie, organisation, patience, persévérance, planification, pouvoir, travail, travail d'équipe.

GEAI BLEU Communication, mimétisme, protection.

GRENOUILLE Eau, empathie, fertilité, guérison, honnêteté, purification, santé, transformation.

GUÊPE Adaptabilité, avertissement, force, indépendance, malédiction, offense.

HÉRISSON Énergie, originalité, ressource.

LAPIN Chance, courage, enchantement, fertilité, foi, innocence, lune, mouvement, peur, sécurité, sensibilité, vigilance.

LÉZARD Guérison, inconscient, messages, rêves, survie.

LIBELLULE Accélération, Air, apprentissage, changement, Eau, énergie, sagesse, vérité, vitesse.

LION Autorité, courage, dignité, domination, férocité, justice, pouvoir, royauté, sagesse.

LOUP Esprit, gardiens, indépendance, instinct, intelligence, liberté, loyauté, lune, orientation, persévérance, protection, sagesse, stabilité, succès, Terre.

LUCIOLE Amour, communication avec les esprits, Feu, illumination, liberté, lune, orientation, soi.

LYNX Compréhension, connaissance, conscience, rêves.

MANTE RELIGIEUSE Débuts, direction, immobilité, navigation, paix.

MARMOTTE Conscience, perspicacité, pouvoirs psychiques, rêves.

MERLE Énergie féminine, frontières, mort, naissance, nouveaux départs, transition.

MOUCHE Vol, voyages.

MOUTON Abondance, assurance, courage, débuts, équilibre, fertilité, rêves.

OURS Ancrage, changement, communication avec les esprits, connaissance, courage, défense, énergie, force, guérison, introspection, intuition, mort, pouvoir, pouvoirs psychiques, renaissance, sagesse, solitude, Terre, vengeance.

OS D'ANIMAUX (veillez à ce qu'ils aient été récoltés sur des animaux décédés de mort naturelle et récupérés de façon éthique, évidemment, sinon ça risquerait de brouiller un peu les signaux) Ancrage, communication avec les esprits, divination, force, mort, stabilité, structure.

PAPILLON/CHENILLE Beauté, changement, communication avec les esprits, croissance, éclaircissement, équilibre, grâce, jeunesse, mort, possibilité, préparation, réincarnation, transformation, transition.

PAPILLON DE NUIT Bonheur, émerveillement, Feu, joie, lumière, lune, nuit, passion, vérité.

POISSON Abondance, amour, enfants, équilibre, fertilité, harmonie, persévérance, providence, régénération.

POULE Apprentissage, divination, fertilité, langage, protection de la communauté / de la famille, lever du soleil, santé, voix intérieure.

RAT Abondance, adaptabilité, agitation, défense, discrétion, perspicacité, relations sociales, reproduction, succès, Terre.

RENARD Agilité, discrétion, féminité, Feu, habileté, intelligence, invisibilité, omission, ruse, subtilité.

RENNE Exploration, opportunité, orientation, sécurité, sensibilité, service, voyages.

ROSSIGNOL Allégement des fardeaux, amour.

ROUGE-GORGE Feu, printemps.

SAUTERELLE Air, liberté.

SCARABÉE Création, créativité, immortalité, renaissance.

SCORPION Agression, bataille, compétition, intuition, offense, perception, protection, réflexes, survie, vitesse.

SERPENT Magie élémentaire, perspicacité, pouvoir, puissance, santé, sensualité, sexualité, transformation, transmutation.

SINGE Action, allégresse, chance, communauté, état sauvage, honneur, instinct, intelligence, vitesse.

SOURIS Assurance, détails, discrétion, économie, entrée, foi, innocence, minutie, Terre, timidité.

TAUPE Secrets, vérité.

TORTUE Créativité, régénération, Terre.

VACHE Abondance, assurance, détermination, économie, endurance, énergie, fertilité, force, patience, prospérité, Terre, virilité.

VER DE TERRE Croissance, fertilité, monde souterrain/au-delà, vie.

Guettez les signes autour de vous : la fleur qui pousse soudainement au milieu de nulle part, la corneille qui vous salue en passant, la carte à jouer qui apparaît sur le trottoir, la phrase que vous entendez en premier en allumant la radio… Ils peuvent venir de partout et vous être d'une grande aide ou d'un grand réconfort.

DIVERS

Il existe également tout un tas d'objets faciles à trouver et à entreposer sans trop attirer les soupçons, qui vous seront d'une grande aide pendant vos rituels. Vous réaliserez bien vite – si ce n'est pas déjà le cas – qu'en tant que sorcière, vous prononcerez souvent la phrase : « … Oh allez ! Je le mets de côté, on sait jamais, ça peut servir » concernant tout un tas de trucs qui finissent généralement à la poubelle dans les foyers de non-initiés. Et si votre entourage est au courant de votre pratique, l'accepte et l'encourage, on vous fera souvent des cadeaux un peu bizarres qui laisseront perplexes ceux qui ne sont pas dans la confidence, mais qui vous feront très plaisir.

CAILLOU Symbolise l'ancrage, peut servir de charme contre l'anxiété / de porte-bonheur. À garder dans une poche ou dans sa main dans les moments stressants.

CLÉ Découverte, opportunité, ouverture, révélations.

CLOU Bannissement, conjuration, création de liens, guérison, malédiction, protection.

COQUILLE D'ŒUF Réduite en poudre, elle sert dans les rituels de protection et de purification.

CORDE Ancrage, conjuration, connexion, création de liens, frontières, protection.

Vous pouvez aussi utiliser des lacets ou des élastiques pour les cheveux.

PLUME Air, changement, honneur, inspiration, liberté, promesse, rêves, souhaits, transformation, voyages.

POUDRE DE BRIQUE Prospérité, protection.

ROUILLE Changement, fins, guérison, malédiction, mort, stagnation, transmutation.

CHIFFRES

0 Acceptation, fluidité, potentiel, vide.

1 Ancrage, créativité, deuil, énergie, indépendance, nouveaux départs, positivité, unité, volonté.

2 Amour, changement, choix, compassion, compromis, douceur, dualité, empathie, équilibre, harmonie, imagination, nature, pardon, romance.

3 Activité, adaptabilité, ambition, autorité, communication, contrôle, créativité, croissance, expression, fertilité, intuition, progression, résultats.

4 Base, calme, contrôle, foyer, persévérance, repos, rumeurs, santé, sécurité, stabilité, structure.

5 Aventure, challenges, changements soudains, communication, conflit, destruction, divination, énergie, impulsivité, opposition, passion, voyages.

6 Affection, amitié, amour, argent, art, chance, conjuration, équilibre, gentillesse, harmonie, partage, santé, sincérité.

7 Art, clairvoyance, changement, fertilité, imagination, intuition, manifestation, mystère, pouvoirs psychiques, sacré, secrets, spiritualité, voyages.

8 Abondance, bonne volonté, conjuration, continuité, cycle, force, force intérieure, perfection, prospérité, rumeurs, santé, sentiments cachés, solitude, stabilité.

9 Accomplissement, courage, influence, intellect, inventivité, pardon, réussite, sacré, satisfaction.

SUBSTITUTS

Parce qu'on n'a pas toujours tout un arsenal d'ingrédients à portée de main, voici quelques éléments qui peuvent servir de substitut pour vous faciliter la tâche. N'oubliez pas que l'ingrédient principal, c'est votre intention.

POUR LES AGRUMES Le citron.

POUR LES BOUGIES Une bougie blanche.

POUR LES CRISTAUX ET LES MINÉRAUX Le quartz (rose ou transparent).

POUR LES EAUX L'eau du robinet.

POUR L'ENCENS L'encens de sauge.

POUR LES FLEURS La rose.

POUR LES FRUITS La pomme.

POUR LES HERBES ET LES PLANTES Le romarin.

POUR LES HERBES ET LES PLANTES TOXIQUES Le tabac.

POUR LES HUILES L'huile d'olive.

POUR LES RÉSINES Le copal.

POUR LE SEL Le sel de table.

POUR LES THÉS Le thé noir.

Créez des petits cadeaux magiques. En manque d'inspiration – ou de moyens – pour le prochain anniversaire, la fête des Mères ou Noël? Faites profiter vos proches de votre savoir en leur offrant des petits cadeaux magiques. Amulettes, charmes, bijoux ou petites fioles remplies d'ingrédients magiques et d'intentions, faites fonctionner votre imagination. C'est toujours bon pour soi de donner aux autres, ça leur fait plaisir aussi, et ça vous permettra de partager cette pratique qui peut être si solitaire parfois, et d'ouvrir le dialogue sur cette partie de votre vie! Exemple: confectionnez un petit sachet pour la crémaillère de vos amis pour protéger leur foyer et s'assurer qu'ils y seront heureux – utilisez un joli récipient en verre hermétique à la place, si vous voulez ajouter une touche esthétique à votre petit cadeau.

Moon Calendar
June

TROISIÈME PARTIE

PRATIQUE

CRÉER UN CERCLE MAGIQUE

Avant d'entamer un rituel, certaines personnes estiment qu'il est préférable de créer un cercle magique. Ce n'est pas indispensable et beaucoup de sorcières s'en passent, mais il peut être rassurant et enrichissant de ne pas sauter cette étape.

Le cercle magique est à la fois littéral et figuré. Il permet de délimiter l'espace dans lequel le rituel est pratiqué et de préparer l'esprit et le corps avant de passer à l'acte. Le cercle magique purifie, nettoie et protège, puis il concentre les énergies en un seul et même endroit, ce qui peut aider lorsqu'on a tendance à perdre sa concentration et à se disperser. Le symbole même du cercle magique aide à créer un ancrage et un rappel qui rend la pratique plus concrète, plus visuelle.

LES FONCTIONS DU CERCLE MAGIQUE

★ Contenir l'énergie générée par le rituel.

★ Contenir les entités invoquées pendant le rituel.

★ Créer un espace sacré.

★ Empêcher les énergies négatives de pénétrer et d'influer sur le rituel.

★ Protéger les personnes se trouvant dans le cercle.

LES ÉTAPES

1. Définissez les limites de votre cercle. Vous pouvez le représenter autour d'un petit objet – une bougie, votre chaudron… – ou autour de vous. Nettoyez cet espace : passez un coup de balai, de chiffon, purifiez l'air avec de la sauge ou de l'encens, bref, faites le ménage et rendez l'endroit aussi neutre que possible.
2. Les limites de votre cercle peuvent être physiques, bien que ce ne soit pas obligatoire. Certaines personnes arrivent à visualiser le cercle sans avoir à le rendre concret, juste en concentrant leur énergie. Si

vous avez besoin d'un peu plus de protection ou tout simplement de mieux visualiser votre cercle, dessinez-le à la craie, avec du sel, des cristaux, des bougies ou même des petits cailloux, si vous le faites en extérieur – n'oubliez pas de ne jamais utiliser de sel dans l'herbe pour ne pas stériliser la terre. Là encore, choisissez vos éléments en fonction de vos intentions. Si vous utilisez des bougies, placez-les de façon à représenter les quatre points cardinaux, par exemple. Vous pouvez aussi représenter les éléments Terre, Air, Feu et Eau en ajoutant une cinquième bougie pour représenter l'esprit dans certains cas, ce qui forme alors un pentagramme. Si vous utilisez des objets pour créer votre cercle, pensez à les purifier, voire à les consacrer.

3. Prenez un moment pour bien visualiser votre cercle, physiquement et dans votre esprit. Faites le vide, respirez profondément. Essayez de vous rendre aussi vierge d'émotions que possible pour que rien ne vienne parasiter votre rituel. Méditez sur chaque élément si ça peut vous aider, mais trouvez un moyen de vous ancrer dans ce cercle.

4. Lancez les invitations. Cette étape est évidemment facultative puisque ça dépend de votre spiritualité et de vos croyances personnelles, mais également du rituel que vous réalisez. Si vous avez besoin de l'aide de certaines divinités, d'esprits, d'entités quelconques, c'est le moment de les inviter dans votre cercle.

5. Entamez le rituel en énonçant clairement vos intentions et en spécifiant ce que vous voulez attirer et/ou éloigner.

6. Une fois le rituel terminé, verbalisez la conclusion en remerciant tous les éléments qui vous ont aidé dans votre opération et démontez le cercle petit à petit. Débarrassez-vous des matériaux qui l'ont constitué soit en les jetant soit en les rangeant soigneusement après les avoir purifiés au préalable.

7. Pour bien clore le rituel, une fois le cercle démonté et rangé, passez à nouveau un petit coup de balai et purifiez votre espace – en faisant brûler de l'herbe, de l'encens et en ouvrant grand les fenêtres, par exemple.

Il est également possible d'utiliser une baguette, un athamé, une pointe de cristal ou même un bâton d'encens, par exemple, pour représenter l'ouverture et la fermeture du cercle. Si c'est votre cas, ouvrez votre cercle en pointant chaque « entrée » – les éléments ou les points cardinaux – dans le sens des aiguilles d'une montre et en le fermant dans le sens inverse des aiguilles d'une montre. Vous pouvez aussi symboliser l'ouverture et la fermeture en marchant autour du cercle.

Ce cercle doit avant tout vous correspondre, vous devez vous sentir à l'aise et protégé(e) dedans, à vous de tester plusieurs options pour trouver celle qui vous correspond le plus. Si vous ne vous sentez pas à l'aise dans ce que vous faites, ça se ressentira sur les résultats de votre rituel et ça risque de vous faire perdre du temps, de l'énergie et des ressources. N'oubliez jamais de vous écouter, avant toute chose.

N'importe quelle boisson peut devenir un élixir ou une potion si vous y mettez votre intention avant de l'avaler : n'oubliez pas que votre volonté reste votre meilleur outil.

LES DIFFÉRENTES MÉTHODES DE PURIFICATION

La purification est une étape essentielle à toute pratique magique. Ça fait probablement partie des choses qu'on fait le plus en sorcellerie, dans tout un tas de contextes et pour mille raisons différentes. Ça peut même faire partie de votre routine quotidienne, si vous êtes très à cheval sur les énergies qui circulent autour de vous et dans votre domicile. La purification d'un espace permet en effet de « nettoyer » les lieux, de le rendre plus propice à la réalisation de vos intentions et de remettre le compteur à zéro. Il est conseillé de purifier l'espace dans lequel on s'apprête à réaliser un sort ou un rituel avant de commencer pour être sûr de ne pas inviter d'énergies indésirables et de risquer de brouiller les signaux. C'est aussi l'occasion de prendre un moment pour se préparer psychologiquement, de faire le vide en soi pour se concentrer plus facilement sur ce qu'on s'apprête à accomplir et de diriger correctement son intention sans se mélanger les pinceaux.

On peut purifier des endroits mais également des gens, des auras, des objets, des outils de divination, ou encore son autel – les possibilités sont multiples et c'est à vous d'expérimenter et d'adapter tout ça à votre pratique et à vos croyances.

Il existe plusieurs méthodes que l'on choisira en fonction de ses envies, de ses intentions, des outils à disposition ou de la cible – certaines techniques sont plus pratiques pour des petits objets et d'autres plus adaptées aux grands espaces, comme vous le verrez.

LA FUMIGATION

Encens – Herbes – Palo Santo

Lorsqu'on utilise la méthode de la fumigation, on passe dans tous les recoins de l'espace à purifier avec son petit fagot d'herbes ou son bâton d'encens à la main en faisant circuler la fumée partout pour bien recouvrir et délimiter l'endroit consacré. On peut brûler des herbes – sauge, romarin, cèdre… –, de l'encens ou du Palo santo – bois sacré. Pour purifier un objet, il suffit de le passer dans la fumée. Pour purifier une personne, on l'entoure de fumée de la même façon en se concentrant sur des points forts comme la tête, le cœur, les extrémités – mains, pieds – et parfois l'entrejambe –, mais pas sans prévenir, ça risquerait d'être mal pris sinon.

Lorsque j'ai passé une sale journée et que je ne me sens pas bien, j'aime prendre une douche, puis me « sauger » en faisant tourner un brin de sauge autour de moi et en m'enveloppant dans sa fumée – tout autour du corps, puis autour de la tête, des mains, sous la plante des pieds, etc. Comme ça, je prends une douche physique et une douche psychique. C'est un peu l'équivalent spirituel du : « Et tu frottes bien derrière les oreilles, hein ! » Fréquemment, j'en profite pour chanter un peu – parfois à tue-tête, souvent très faux, mais je m'en fous, ça soulage –, danser, remuer, secouer mes mains et mes pieds pour me débarrasser de toutes les choses négatives qui me collent à la peau. Ça fait un bien fou. Je vous conseille d'essayer au moins une fois – le tout en se concentrant évidemment, comme chaque fois, sur le résultat qu'on cherche à obtenir. Dans mon cas, l'absence de pensées négatives, de colère et de frustration, et une sensation de légèreté et de bien-être.

Que brûler pour purifier un espace ou un objet ?

Armoise.
Cèdre.
Citronnelle.
Eucalyptus.
Genièvre.
Lavande.
Palo Santo.
Pin.
Rose.
Sauge.

L'EAU

Une méthode qui ne peut bien évidemment pas être utilisée pour tout – difficile de submerger son appartement sous l'eau –, mais qui reste efficace pour certains petits objets. Les cristaux, notamment, peuvent être purifiés en étant passés sous un filet d'eau ou carrément submergés. Attention, tous les minéraux ne supportent pas le contact avec l'eau, pensez à bien vérifier avant d'en mouiller un, ce serait dommage de l'abîmer alors qu'il existe d'autres méthodes plus adaptées.

LE FEU

Là encore, prudence : le feu, ça brûle. Oui, je sais, je vous l'apprends ! Certains petits objets et outils peuvent être passés sur une flamme sans risquer de s'abîmer ou de prendre feu – la lame d'un couteau, par exemple. Si vous faites très attention et que le passage dans la flamme est rapide, vous pouvez purifier d'autres objets plus ou moins résistants à la chaleur, mais ne prenez pas de risques inutiles si vous avez une autre option à portée de main.

L'AIR

Qu'il provienne de dehors – *via* le vent – ou de vous-même – *via* votre souffle –, l'air a l'avantage d'être à peu près toujours disponible et il nettoie pas mal de choses sur son passage. C'est pour ça qu'il est toujours bon d'ouvrir grand ses fenêtres le matin au réveil et le soir avant de se coucher, histoire de mettre un petit coup de neuf dans les énergies qui circulent chez vous avant de commencer ou de terminer une journée. S'il fait grand vent, profitez-en pour mettre les choses que vous souhaitez purifier à l'extérieur et les laisser se faire gentiment caresser par la brise – en faisant évidemment attention à ce que rien ne tombe ou ne s'envole. Votre souffle peut aussi être utilisé pour envelopper un objet et le nettoyer rapidement.

LA TERRE

Là encore, en faisant attention à la résistance de l'objet visé et à son impact sur la nature, vous avez aussi la possibilité de l'enterrer pour symboliser le « retour à la terre » – soit le retour à la case départ, finalement. C'est comme un *reboot*, ça permet de renvoyer quelque chose à ses racines, avant qu'il soit influencé par quoi que ce soit, et le rendre neutre à nouveau.

LE SEL

Symbole ultime de la purification s'il en est, le sel peut aussi vous être très utile pour nettoyer certains éléments. Si vous avez besoin de bien les récurer, laissez-les reposer dans un récipient rempli de sel pendant quelques heures, voire quelques jours. N'oubliez pas de vous débarrasser du sel après utilisation, vu tout ce qu'il aura absorbé, mieux vaut ne pas garder ça trop près de soi.

Attention : ne jetez jamais de sel dans la nature, ça assèche la terre et tue les plantes, et ça, c'est mauvais pour votre conscience spirituelle.

LES CRISTAUX

Les cristaux doivent être purifiés, certes, mais ils ont également cette fonction eux-mêmes – que ne savent-ils pas faire, hein, je vous le demande ? Pour purifier un objet à l'aide d'un cristal, vous pouvez soit l'encercler avec – du coup il vous en faudra plusieurs – soit poser le cristal par-dessus et le laisser tout absorber. En plus de purifier, les cristaux peuvent charger un objet aussi, il sera donc doublement prêt à l'emploi après l'utilisation de cette méthode. Je m'en sers notamment pour purifier et charger mon tarot en posant un quartz sur la pile de cartes quelques heures avant de l'utiliser.

La lumière

Là encore, cette méthode peut purifier et charger à la fois. La lumière du soleil et celle de la lune ont toutes les deux cette fonction, mais à des fins différentes. Pour résumer, le soleil est souvent associé aux énergies masculines et la lune aux énergies féminines. Posez donc votre objet là où il pourra absorber tranquillement la lumière des astres pendant une journée ou une nuit et hop, c'est fait. C'est une méthode plus longue mais très efficace. Encore une fois, si vous l'utilisez pour vos cristaux, faites attention : les rayons du soleil peuvent en endommager certains, vérifiez d'abord qu'ils sont bien résistants avant de les exposer, au risque de les voir perdre leur éclat.

Le sel en magie

Comme on l'a vu dans les correspondances, le sel est un outil majeur en sorcellerie. Ses fonctions principales sont la protection et la purification. Deux choses dont toute sorcière qui se respecte fait régulièrement usage.

Mais en plus des sels prêts à l'emploi que l'on trouve dans tout bon supermarché, il existe des préparations à base de sel que vous pouvez réaliser vous-même et qui vous permettront de donner un petit plus à vos rituels.

Préparations

Sel noir

Bannissement, protection, purification.

Le sel noir se fait en mélangeant du sel marin à des cendres – d'herbes brûlées ou d'encens – dans un mortier. Si vous brûlez de la sauge pour purifier votre logement par exemple, pensez bien à récupérer les cendres pour les mélanger à votre sel. Pour me faciliter la tâche, j'utilise des petits verres à shots remplis de gros sel comme porte-encens, ainsi la cendre tombe directement dedans et je n'ai plus qu'à moudre le tout ensuite pour obtenir mon sel noir !

Sel rouge

Amour, passion, romance, sexe.

Ajoutez du piment de Cayenne, du paprika et éventuellement des pétales de rose à votre sel. Si vous voulez que votre sel soit bien rouge, n'hésitez pas à rehausser la couleur avec du colorant alimentaire.

Sel de sang-de-dragon

Changement, consécration, courage, pouvoir, protection.

Mélangez votre sel à de la résine de sang-de-dragon.

Sel vert

Prospérité.

Mélangez du sel à des herbes symbolisant la prospérité, comme le basilic, l'aneth, le romarin et la sauge, par exemple. Là encore, n'hésitez pas à ajouter quelques gouttes de colorant alimentaire !

Il est bien évidemment possible de créer du sel de toutes les couleurs, libre à vous d'expérimenter et de créer votre propre mélange – avec ou sans colorant alimentaire – pour agrandir votre collection de sels rituels. Le sel est un ingrédient très puissant et vous n'en aurez jamais trop !

POTIONS, HUILES, POUDRES, ETC. : LES DIFFÉRENTES PRÉPARATIONS

Sorcellerie et potion magique sont deux termes qui vont relativement bien ensemble et qu'on associe assez facilement. Quand les gens découvrent ma pratique, c'est généralement la première ou la deuxième question qu'ils me posent : « Mais, tu fais des potions magiques ? » Je réponds souvent que oui, uniquement dans mon énorme chaudron avec des yeux de tritons et des cheveux de nouveaux-nés, nue pendant la pleine lune, sinon ça marche pas.

Plus sérieusement, oui, les potions « magiques » font effectivement partie de beaucoup de pratiques, et elles s'utilisent pour tout un tas de raisons différentes. Ce ne sont pas les seules préparations existantes – il y a un paquet de possibilités qui se choisissent en fonction de l'intention, de ce qu'on a à portée de main, mais aussi de nos préférences et de notre pratique personnelle. Certaines sorcières utilisent plus de poudre, d'autres plus d'huile, d'autres encore préféreront les crèmes : c'est à vous de tester et de voir ce qui vous correspond le plus. Ce qui est sûr, c'est qu'il est toujours intéressant d'explorer les possibilités, de sortir de sa zone de confort et, surtout dans ce domaine, de la zone de « facilité ». On a tendance à vouloir aller au plus simple, avec ce qu'on a sous la main en se disant : « De toute façon, c'est l'intention qui compte, on y va et on verra bien ce que ça donne. » Malheureusement, ça peut être l'une des raisons de l'échec d'un sort – oui, l'intention est l'ingrédient le plus important, mais si on prend tout par-dessus la jambe et qu'on met systématiquement de côté les choses qui demandent un peu plus de patience, l'univers va finir par comprendre qu'on se fout un peu de lui et risque de nous tourner le dos.

La pratique de la sorcellerie, surtout quand on rentre dans les préparations manuelles, demande effectivement d'avoir certains éléments à sa disposition, et quand on ne les a pas sous la main, eh bien, il faut aller les chercher : ça demande du temps et parfois de l'argent, ce qui a tendance à décourager les moins téméraires d'entre nous. Si le recours à une méthode plus simple et plus rapide peut parfois se justifier, il ne faut pas pour autant que ça devienne une habitude. S'attacher à réunir tous les éléments permet aussi de se concentrer plus longtemps sur l'intention d'un rituel, d'y penser, de mûrir son objectif et de confirmer à l'univers qu'on est décidé, qu'on est motivé et qu'on compte faire ce qu'il faut pour arriver à ses fins.

Puis, en dehors de tout ça, c'est aussi extrêmement satisfaisant lorsqu'on arrive à tout réunir et qu'on se prépare à enfin lancer le rituel, avec tout son matériel devant soi. C'est un peu comme des arts manuels, avec une récompense plutôt cool au bout du compte.

Voici donc une petite liste non exhaustive des préparations qui vous seront demandées dans une grande partie des rituels et sorts existants.

★ Bouteille : À l'origine, les bouteilles magiques étaient utilisées pour se protéger contre les autres sorcières – on les gardait dans un coin du foyer pour s'assurer qu'il était imperméable à tout mauvais sort. Aujourd'hui, la pratique s'est un peu développée et démocratisée pour devenir une préparation assez commune. En se promenant sur les profils et blogs de sorcières modernes, vous verrez souvent des petites bouteilles, des flacons ou des fioles remplis d'éléments divers et utilisés comme charmes et talismans pour s'attirer certaines choses et en repousser d'autres. L'utilisation est grosso modo la même qu'avec un sachet, à ceci près que le contenu devient visible et que l'objet est par conséquent un peu plus fragile.

★ Coussin : Lorsque vous avez besoin de garder quelque chose près de vous, notamment sous votre oreiller, la meilleure solution reste encore de mettre tous les ingrédients dans un petit carré de tissu et de le coudre de façon à créer un petit coussin hermétique. Facile à transporter, cela évitera que le contenu ne se renverse partout.

★ Huile : Une huile rituelle peut être utilisée pour oindre un objet, notamment pour consacrer une bougie avant un rituel, mais aussi pour le corps – selon les ingrédients utilisés, évidemment. Dans la préparation, on utilise une huile neutre comme base à laquelle viennent s'ajouter des huiles essentielles et parfois des herbes libres et des cristaux pour créer un mélange précis avec une intention bien définie. Elle peut être utilisée tout de suite ou macérer quelques semaines pour être bien infusée avant de s'en servir.

★ Infusion : Comme celle que l'on boit avant d'aller dormir, l'infusion est un assortiment d'herbes plongées dans de l'eau chaude pour créer un mélange homogène que l'on utilisera ensuite soit pour soi-même, en ingestion, soit pour consacrer des objets.

★ Onguent / crème : À partir d'une base neutre – beurre de karité, huile de coco… –, on peut créer un onguent maison en ajoutant des éléments liés à l'intention recherchée. On enduira ensuite des objets ou des points spécifiques du corps – visage, mains, pieds… – pendant la réalisation d'un rituel pour ajouter un petit plus. Comme avec tout ce qui vient toucher votre peau, n'oubliez pas de vérifier les ingrédients qui se trouvent dans votre crème – surtout si vous la préparez vous-même – pour ne pas avoir de mauvaise surprise.

★ Potion : Une potion est une décoction préparée le plus souvent avec des herbes, généralement pour être ingérée. Elle peut aussi ne pas être potable et être incorporée à une autre préparation en tant que concentré, par exemple. Astuce : lorsque vous préparez une potion qui ne doit pas être bue, ajoutez un petit cristal (résistant à l'eau) au fond de la bouteille pour vous en souvenir – ça vous évitera de faire des erreurs potentiellement dangereuses !

★ Poudre : La poudre peut être utilisée seule, à des endroits stratégiques, sur des objets, ou dans la préparation d'un autre élément de cette liste. Elle est obtenue en broyant plusieurs ingrédients à l'aide d'un mortier. Ensuite, elle peut être utilisée telle quelle ou stockée dans un récipient hermétique dans un endroit sec pour en conserver l'intégrité.

★ Sachet : Les petits sachets en toile ou en tissu peuvent être remplis d'herbes, de poudre, de cristaux et de petits objets. Ils seront ensuite disposés à des endroits stratégiques – sac à main, coin d'une pièce, sous un oreiller, au-dessus d'une porte... – ou enterrés dans certains cas. Ils permettent de rassembler tous les éléments liés à une intention dans un même endroit et de les disposer facilement sans risquer qu'ils ne se renversent ou qu'ils s'altèrent. En général, on s'arrange également pour que le sachet soit de la couleur qui correspond à l'intention qu'on y met – vert pour la prospérité, rouge pour l'amour, noir pour la protection, etc.

À vous maintenant d'imaginer vos propres mélanges et préparations en vous aidant des tables de correspondance pour créer le parfait petit élixir ou l'huile rituelle qui vous aidera dans votre quête du moment !

CRÉER SA PROPRE HUILE RITUELLE

L'huile rituelle peut avoir plusieurs utilisations. Elle peut être appliquée directement sur la peau, ajoutée à une préparation ou utilisée pour consacrer un objet. Les méthodes de préparation et les ingrédients utilisés varient souvent en fonction de l'utilisation à laquelle l'huile sera destinée – une huile qu'on utilise pour consacrer une bougie ne sera pas forcément la même que celle dont on se tartine le corps, c'est pourquoi il est important de bien les préparer et de bien les étiqueter ensuite pour éviter les mauvaises surprises. Le but n'est pas de mettre sa santé en danger, bien au contraire.

Quelle base utiliser ?

Pour les huiles neutres, vous pouvez choisir parmi les options suivantes :

Huile d'amande (prospérité, sagesse).
Huile d'avocat (amour, désir, fertilité).
Huile de calendula (positivité, protection)
Huile de coco (protection, purification, transformation).
Huile de jojoba (amour, guérison).
Huile de pépins de raisins (abondance, fertilité).

On peut aussi choisir de n'utiliser que des huiles essentielles sans base neutre dans le cas d'une utilisation dans un diffuseur, par exemple, pour avoir des mélanges tout prêts lors de vos rituels ou de vos séances de méditation.

La préparation

À partir d'herbes: méthode de macération à chaud avec infusion des herbes dans l'huile pendant quatre à huit semaines puis filtrage.

Si on veut préparer une huile bien infusée à partir d'herbes sèches, mieux vaut utiliser la macération. Ça prend plus de temps et on ne pourra pas utiliser l'huile tout de suite, mais une fois que ce sera fait, ce ne sera plus à faire, et on en a généralement pour un moment avant de vider une bouteille entière – sauf si on s'en recouvre le corps tous les soirs, évidemment.

Il existe plusieurs méthodes :

★ La macération à froid : Dans un bocal, placez vos herbes sèches et recouvrez-les d'huile. Couvrez le bocal avec du papier sulfurisé que vous fixerez ensuite avec un élastique. Sans remettre le couvercle, placez le bocal dans un endroit sec à l'abri de la lumière. Vérifiez régulièrement le niveau d'huile – si les herbes en ont trop absorbé, rajoutez-en un peu de manière à les garder toujours immergées. Laissez macérer un mois. Ensuite, vous pouvez filtrer l'huile pour ne garder que le liquide et jeter les herbes après avoir pris soin de les presser pour bien en extraire toute l'huile. Veillez à ce que votre récipient soit aussi stérile et hermétique que possible.

★ La macération à chaud : De la même façon que pour la macération à froid, remplissez votre bocal avec votre mélange d'herbes et d'huile. Remettez le couvercle et placez le bocal au bain-marie en laissant bien dépasser le haut d'environ 4 cm hors de l'eau. Laissez mijoter à feu doux pendant deux heures, puis coupez le feu et laissez le bocal dans l'eau une heure de plus. Enfin, filtrez votre mélange et versez-le dans un récipient stérile et hermétique.

★ Sans macération : Si vous préférez sauter l'étape de la macération, il existe une technique toute simple qui consiste à mélanger une huile neutre à plusieurs huiles essentielles toutes prêtes pour créer un mélange homogène prêt à l'emploi. Les proportions se décident en fonction de l'usage que vous en ferez et c'est à vous d'en décider. Je fais mes dosages à la louche personnellement et ça fonctionne toujours très bien. Dans une bouteille remplie à moitié de l'huile neutre de votre choix, vous ajouterez ensuite plusieurs huiles essentielles liées aux résultats que vous souhaitez obtenir – il suffit de vous reporter aux tables de correspondance pour trouver les plus indiquées. Par exemple, pour une huile utilisée dans des rituels de prospérité, il faudra mettre de l'huile essentielle de basilic, de sauge et de patchouli.

En plus des herbes et des huiles essentielles, vous pouvez ajouter toutes sortes d'éléments supplémentaires à vos huiles – y compris des cristaux, des graines, des fleurs séchées ou encore de la poudre. Ces éléments se choisissent d'abord en fonction de l'usage que vous comptez faire de l'huile, à mettre sur votre peau ou sur des objets.

Conservez toujours vos bouteilles d'huile au sec et à l'abri de la lumière pour éviter qu'elles ne s'altèrent.

Pour ne pas qu'elles ne rancissent, vous pouvez ajouter de la vitamine E.

Comment utiliser les huiles rituelles ?

- ★ Sur le corps : Les huiles rituelles – à condition qu'elles aient été conçues dans ce but avec les précautions nécessaires – peuvent être utilisées sur le corps au cours des rituels. On choisira alors une huile en lien avec l'intention du rituel réalisé pour s'en oindre intégralement ou simplement des points stratégiques – les mains, par exemple, qui seront au centre du rituel, puisque ce sont elles qui manipulent et confectionnent tout. Elles peuvent également s'utiliser comme parfum ou soin personnel pour se donner un coup de boost dans le cas des huiles liées à la séduction, à la protection ou à la confiance en soi, par exemple.
- ★ Sur les objets : Un objet recouvert d'une huile rituelle héritera de ses vertus. On se sert de l'huile pour consacrer des objets, pour les purifier, pour les charger d'une intention. À vous de faire marcher votre imagination pour trouver des usages. On peut par exemple imaginer enduire les poignées de porte d'une huile pour protéger un foyer, un pendentif pour créer un talisman, une pièce de monnaie pour créer un charme qui attirera la richesse, etc.

★ Sur les outils rituels : Avant un rituel, quel qu'il soit, on peut enduire les outils d'une huile pour les consacrer et bien les préparer. Ça concerne votre chaudron, votre athamé, vos miroirs, vos bougies, etc.

★ Sur les cristaux : En faisant bien attention de ne pas les utiliser sur des cristaux qui ne supportent pas l'humidité, sachez que les huiles rituelles peuvent également charger, purifier et consacrer vos minéraux, qui deviendront alors plus puissants encore.

PRÉPARER UNE FIOLE

Je dis « fiole » parce que c'est ce que j'utilise le plus souvent, mais vous pouvez utiliser un flacon, une petite bouteille, une boule de Noël en verre, un bocal… tout récipient transparent et hermétique fera l'affaire ! En fouillant un peu sur Internet, dans les boutiques d'arts créatifs, au rayon cuisine de votre magasin de déco préféré ou dans un bazar, vous trouverez facilement des lots de contenants pour vous faire un joli stock, prêt à dégainer.

À quoi ça sert ?

Les fioles sont un moyen facile de se créer des petits talismans qui sont à la fois pratiques, esthétiques et aisés à transporter.

FABRIQUER UNE DAGYDE

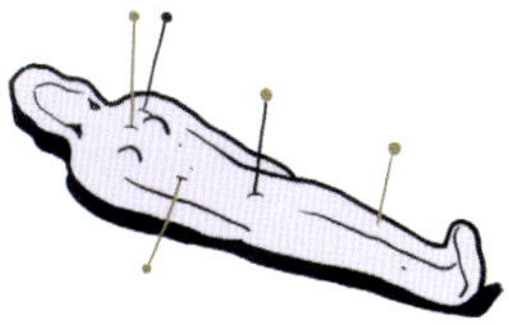

QU'EST-CE QU'UNE DAGYDE ?

Une dagyde – ou poupée magique – est une petite figurine de forme humanoïde censée représenter la cible d'un sort ou d'un rituel et qui, comme nous allons le voir, peut être réalisée à partir de plusieurs sortes de matériaux. Si la première chose que ça évoque est évidemment la poupée vaudou, ce n'est pas la seule pratique dans laquelle on retrouve ce genre d'outil et, surtout, son usage est loin d'être aussi restreint que ce que les films ont pu vous faire croire. Une dagyde n'est pas uniquement utilisée comme proxy pour apporter toutes sortes de tourments à sa cible – bien que ce soit, effectivement, une option qui existe. De plus, contrairement à ce qu'on pourrait imaginer, elle peut aussi vous représenter au cours de certains rituels.

Le matériau utilisé sera choisi en fonction du rituel réalisé. Tout dépend de l'intention qu'il y a derrière et de ce que vous ferez de la dagyde : doit-elle brûler ? Être détruite ? Enterrée ? Être conservée précieusement ? Tenir dans un petit sachet ?

De plus, lorsque la méthode le permet, il est généralement recommandé d'ajouter des éléments personnels provenant directement de la personne qu'elle est censée représenter : rognures d'ongles, fluides corporels, cheveux… Ça permettra de bien canaliser l'énergie qu'on lui transmettra afin qu'elle touche bien sa cible et que ça ne tombe pas à côté. Si vous ne pouvez pas vous procurer ces éléments, remplacez-lez par une photo ou, dans certains cas, par le nom et le prénom – voire la date de naissance – de la personne visée écrits sur un petit papier ou directement sur la figurine.

Vous y ajouterez également les herbes qui symbolisent votre intention, voire des cristaux ou des huiles, par exemple. Vous pouvez aussi y graver des symboles. Plus vous serez précis, mieux ce sera !

Quels matériaux choisir ?

- De l'argile : Disponible dans tout bon magasin d'arts manuels, l'argile, en plus d'être 100 % naturel, est un matériau facile et agréable à travailler. Vous pouvez vous en servir pour tout un tas de choses, notamment pour créer vos propres outils rituels – baguettes, bols, récipients divers, bougeoirs et j'en passe –, et également pour sculpter une dagyde facilement.
- Du bois : Vous pouvez certainement trouver des dagydes toutes faites que vous purifierez ensuite et consacrerez de manière à les faire vôtres, mais il est toujours mieux de fabriquer la sienne. Sauf que dans le cas du bois, ça demande quand même un peu de technique – n'est pas sculpteur qui veut. Vous pouvez toujours vous entraîner avant, mais faites attention à vos doigts !
- De la cire : Achetez de la cire en vrac – ou sacrifiez quelques-unes de vos bougies – et faites-la chauffer jusqu'à ce qu'elle devienne

malléable. Sculptez ensuite votre dagyde à la main. Vous pouvez aussi faire votre propre bougie avec, ça demande un poil plus de méthode et de matériel, mais c'est un savoir que vous serez heureux(se) d'avoir acquis puisqu'il pourra vous servir tout au long de votre pratique. Une sorcière capable de fabriquer ses propres bougies à volonté est une sorcière comblée.

★ Du pain : Modelez votre dagyde dans de la pâte à pain, passez-la au four et hop, vous obtiendrez une petite figurine toute croustillante et moelleuse ! Tentez de résister : elle aura plutôt vocation à servir dans les sorts plus néfastes et à être jetée en pâture aux nuisibles de votre quartier (cf. les dagydes à base de viande ci-dessous).

★ Du papier : Une simple silhouette découpée dans une feuille de papier fera l'affaire.

★ Du papier mâché : L'occasion de faire une petite régression. Cette technique vous permettra de renouer avec les arts manuels. Choisissez un papier bien spécifique et lié à votre rituel pour confectionner, puis peindre et ornementer à votre façon votre dagyde pour la sublimer – ou la rendre encore plus menaçante, c'est selon.

★ Des poupées : C'est un peu moins conventionnel mais cette méthode est utilisée par certaines personnes. Vous pouvez acheter des poupées « toutes faites » dans le commerce, au rayon jouets, que vous purifierez et préparerez à votre façon avant de les utiliser dans votre pratique. Personnellement, l'idée que la poupée soit passée par mille étapes de vie avant d'arriver dans mes mains a tendance à me refroidir sur le principe, d'autant que j'aime bien faire des choses moi-même et travailler avec des matériaux plus ou moins naturels, mais c'est tout à fait personnel. Si ça vous parle et que ça vous semble cohérent à votre pratique et vos croyances, alors pourquoi pas !

★ Du tissu : Ça demande un peu plus de patience et de talent, mais on peut coudre une dagyde avec du tissu fourré pour en faire une poupée de chiffon. Vous pouvez y aller en improvisant si vous vous faites confiance, on trouve également des tutos en ligne assez facilement. Bonus : si vous le pouvez, essayez de la confectionner dans le tissu d'un vêtement porté par la cible.

★ De la viande : Cette technique est principalement utilisée dans les sorts de « magie noire » ou avoisinante, puisqu'elle consiste à façonner une dagyde dans un bout de viande crue – hachée, car plus malléable – que l'on donnera ensuite à manger à un animal ou qu'on laissera pourrir – loin de soi, de préférence, pour ne pas être touché par le sort et surtout parce que ça pue, accessoirement. Si le fait d'utiliser de la viande vous dérange, vous pouvez également sculpter un légume ou un fruit. Ça n'aura pas exactement la même portée – la viande avariée se plaçant bien haut sur l'échelle des pires pourritures alimentaires –, mais ça vous évitera d'avoir à acheter et manipuler un truc que vous ne cautionnez pas.

Il existe évidemment d'autres méthodes, si on fouille bien, y compris celles que vous serez capables d'inventer en y réfléchissant et en faisant confiance à votre instinct, mais cette liste permet déjà d'établir de bonnes bases et de couvrir une grande partie des possibilités. Libre à vous d'innover, de mixer, de tester, de modifier ces techniques à l'envie !

Comment utiliser une dagyde ?

Une fois que vous avez toutes les méthodes en tête pour fabriquer votre dagyde, vient la question la plus importante : comment l'utiliser ?

Comme je le disais plus haut, contrairement aux fantasmes populaires, elle n'a pas uniquement vocation à être transpercée de petites aiguilles dans le but de provoquer des douleurs physiques chez la cible. La dagyde sert dans un premier temps à représenter la personne visée par un sort, mais elle aide également celui qui le jette à canaliser son énergie et à mieux se représenter l'effet recherché. Puisqu'elle permet d'influer directement sur la vie d'une personne, il vaut mieux s'assurer d'avoir le consentement de cette dernière avant de se lancer – à moins, bien sûr, que l'intention soit de nuire, auquel cas, bon, on va pas en plus les prévenir qu'on va les maudire, quoi, il manquerait plus que ça.

Avant sa confection, prenez un moment pour purifier et consacrer les matériaux utilisés pour ne pas inviter d'autres énergies dans votre travail, sinon ça risquerait de tout embrouiller. Une fois qu'elle est prête, repassez un coup dessus et nettoyez-la autant que possible. La confection pouvant prendre du temps, il n'est pas garanti que vous soyez resté concentré pendant toutes les étapes, mieux vaut couvrir ses arrières et en remettre une couche avant de commencer. Vous pouvez la rincer, la passer dans de la fumée d'herbes ou d'encens, ou l'enduire d'huile, par exemple.

Les dagydes peuvent être utilisées dans tout un tas de rituels différents : la protection, la guérison, l'amour, la prospérité, mais aussi, comme on l'a vu, pour des influences plus néfastes. Essayez autant que possible de lui donner quelques traits communs à la personne visée pour la rendre encore plus précise.

Après utilisation, selon le sort et votre façon de travailler, c'est à vous de voir si vous gardez votre dagyde et, surtout, si vous la réutilisez.

Tout le monde n'est pas forcément d'accord avec ce dernier point. Certaines personnes estiment qu'une fois qu'elle a été chargée et utilisée, elle ne peut plus servir à autre chose sous peine de tout mélanger et d'obtenir des résultats indésirables. D'autres pensent qu'en la purifiant suffisamment elle peut tout à fait être utilisée *ad vitam æternam* dès qu'il y aura besoin de représenter une personne quelconque dans un rituel. À vous de voir où vous vous placez par rapport à cette question. Personnellement, je suis plutôt de la team « je jette tout, je prends pas de risques ».

LES DIFFÉRENTES MÉTHODES DE DIVINATION

Même si sa pratique n'est pas obligatoire, la divination fait partie des disciplines qu'on retrouve dans quasiment tous les courants de sorcellerie. C'est une des bases, un outil pratique, accessible à tous, qui répond à bien des besoins et des questions. Je ne saurais même pas vous dire combien de méthodes de divination existent tellement il y en a, et il faudrait des années pour toutes les essayer et probablement plusieurs vies pour les maîtriser complètement. Il a donc fallu que je fasse une petite sélection pour vous présenter celles qui, à mon sens, sont les plus accessibles et les plus connues – parce qu'il faut bien commencer quelque part.

Ce n'est évidemment qu'un minuscule aperçu de ces méthodes, puisque chacune d'entre elles pourrait avoir son propre livre. Cette liste n'est qu'un tremplin, une petite présentation qui vous permettra d'avoir un aperçu en surface, mais qui ne suffit pas à apprendre toutes les bases et à bien saisir les subtilités de chaque technique, il vous faudra alors faire quelques recherches pour approfondir vos connaissances, si vous le souhaitez.

LE TAROT

Le tarot est un jeu de cartes réparti en deux catégories : les arcanes majeurs et les arcanes mineurs. En France, on connaît surtout le tarot de Marseille, mais il existe des milliers de jeux différents. Vous-même, vous pourriez parfaitement créer le vôtre demain. Il existe même un tarot Barbie, c'est vous dire si tout est possible. Chaque carte a une signification plus ou moins précise qui donne des indications au consultant lorsqu'elle est tirée. Les cartes changent légèrement de signification selon le tirage – si elle se place avant ou après une autre carte, ou si elles sont tirées à l'envers, par exemple, l'interprétation dévie plus ou moins du sens initial. On peut tirer les cartes pour soi ou pour quelqu'un d'autre, autant de fois qu'on veut, pour tout un tas de questions des plus précises aux plus abstraites.

Comment tirer les cartes ?

Les possibilités sont multiples. On choisira en fonction du temps qu'on aura, de son état d'esprit, de la question à poser et de la fréquence à laquelle on utilise les cartes. Pour commencer, je conseille les tirages à une ou trois cartes.

Le tirage à une carte peut se faire quotidiennement, le matin ou le soir, pour donner une tendance sur la journée à venir ou passée et déceler les éléments auxquels il faut prêter attention. Le matin, vous déterminerez le ton de votre journée, les obstacles auxquels vous risquez de faire face, les traits de votre personnalité qu'il faudra surveiller, les événements qui pourraient survenir, etc. Le soir, ce sera plutôt pour faire un bilan – mais ça pourra être aussi fait en prévision du lendemain, pour prendre un peu d'avance sur la journée suivante.

Le tirage que je pratique le plus souvent, pour moi et pour les autres, est l'un des plus simples : le tirage à trois cartes, passé / présent / futur. Ce sont des notions faciles à intégrer, qui peuvent avoir plusieurs niveaux de temporalité. Ça peut être hier / aujourd'hui / demain, mais aussi les dix dernières années / la décennie actuelle / les dix prochaines années. Ou dans l'année, la relation, la carrière en cours… Bref, c'est à vous de définir où vous placez le curseur. Ce tirage a l'avantage de vous offrir une belle vue d'ensemble sur votre vie, en faisant le point sur le chemin parcouru, le point où vous vous trouvez et ce qui vous attend si vous continuez dans cette direction.

Il ne faut pas oublier que le tarot n'est pas une science exacte qui a pour but de vous dire à quelle date vous allez rencontrer l'amour, quand et comment vous allez mourir ou encore quels seront les résultats du loto.

C'est en quelque sorte une méthode de méditation introspective qui vous aide à faire le point et qui vous donne un aperçu de la route sur laquelle vous vous trouvez et de ce que vous pourrez affronter si vous ne changez rien. Il est toujours possible de rectifier le tir, et c'est justement l'usage principal que j'en fais : pour vérifier que je suis sur la bonne voie, voir ce que je peux corriger chez moi et dans ma vie pour obtenir de meilleurs résultats, et m'éviter quelques désagréments inutiles. Ça permet de gagner du temps, finalement. C'est aussi une façon de mieux se comprendre, de faire face à ses manquements, ses démons, ses blocages personnels et de tenter de les contrecarrer pour se faciliter les choses.

Les mots-clés

Pour se souvenir de la signification de chaque arcane, il peut être utile de mémoriser les mots-clés qui y sont associés. Voici donc une petite antisèche, qui n'est pas exhaustive, qui se base sur le tarot de Marseille. Ça ne suffira pas à interpréter pleinement les tirages, surtout s'ils sont compliqués, mais ça aidera à avoir une vue d'ensemble pour comprendre un peu la tendance avant de creuser et de mieux déchiffrer ce que l'on voit. Je suis une grande fan du livre *La Voie du tarot* d'Alejandro Jodorowsky, que j'épluche à chacun de mes tirages – et qui a inspiré plusieurs de mes tatouages liés à mes arcanes préférés, accessoirement – parce que je me sens très proche de sa vision des choses et de sa façon de faire parler les cartes à la première personne, comme des entités à part entière avec des personnalités. Mais je sais aussi que certaines personnes n'adhèrent pas du tout à sa façon de penser et ont tendance à trouver qu'il en fait des caisses alors que ce n'est pas nécessaire.

À vous de trouver celui qui deviendra votre ouvrage de référence !

0. Le Mat (ou le Fou) : aventure, détermination, esprit libre, innocence, marginalité, nouveaux départs, originalité, spontanéité.

I. Le Bateleur : action, capacités, concentration, pouvoir, ressource, savoir-faire, spontanéité.

II. La Papesse : intuition, mystère, savoir, secret, subconscient.

III. L'Impératrice : abondance, autorité, beauté, créativité, expression, féminité, fertilité, logique, nature.

IV. L'Empereur : autorité, figure paternelle, fondations, rigueur, structure, travail.

V. Le Pape : conformisme, croyances, enseignement, foi, parole, tradition, transmission.

VI. L'Amoureux : amour, choix, désir, relations, union, vitalité.

VII. Le Chariot : contrôle, détermination, dynamisme, épanouissement social, victoire, volonté.

VIII. La Justice : adaptation, équilibre, harmonie, justesse, justice, transformation, vérité.

IX. L'Ermite : humilité, initiation, introspection, orientation personnelle, retour aux sources, solitude.

X. La Roue de la Fortune : chance, cycle, destin, évolution, innovation, renouvellement, répétition, transition.

XI. La Force : compassion, contrôle, courage, force, indépendance, patience.

XII. Le Pendu : altruisme, confiance, détachement, lâcher-prise, restrictions, sacrifice.

XIII. La Mort (ou arcane sans nom) : changements, débuts, fins, nettoyage, transformations, transitions.

XIV. Tempérance : communication, connaissance de soi, équilibre, modération, patience, raison d'être, sens.

XV. Le Diable : addictions, charme, énergie, matérialisme, pouvoir, puissance, pulsions, séduction, sexe.

XVI. La Maison Dieu (ou la Tour) : changement brutal, désastre, destruction, révélation.

XVII. L'Étoile : abandon, croissance, espoir, inspiration, pardon, renouveau, sérénité, spiritualité.

XVIII. La Lune : anxiété, créativité, émotions, illusion, imagination, insécurité, peur, rêves, subconscient, vision.

XIX. Le Soleil : chaleur, construction, humanisme, partage, positivité, succès, vitalité.

XX. Le Jugement : absolution, culpabilité, inspiration, intuition, jugement, libération, renaissance.

XXI. Le Monde : accomplissement, achèvement, enfermement, étouffement, globalité, intégration, universalité, voyages.

Une fois que vous maîtriserez à peu près le tarot de Marseille, vous pourrez commencer à explorer le monde merveilleux des tarots. Il en existe des centaines, peut-être même des milliers, et chacun a son langage propre et sa symbolique bien à lui. Bien sûr, il y a des racines communes, mais ceux qui utilisent plusieurs tarots différents ne vont pas sortir le même jeu en fonction de la question qu'ils ont à poser ou de l'exercice qu'ils souhaitent faire. C'est une question de construction du jeu, d'abord, et surtout de feeling. Faites confiance à ce que vous inspirent vos cartes, faites-les vôtres, touchez-les, parlez-leur. Oui, ça fait bizarre au début, mais on s'y fait et on se retrouve très vite à dialoguer de façon très familière avec son jeu sans s'en rendre compte.

Eh, oui, j'ai déjà insulté mes cartes... et je me suis excusée.

Il est aussi possible que vous ne ressentiez rien ou que vous ressentiez quelque chose de négatif face à un jeu en particulier. Ça peut être un problème qui vient de l'exemplaire en particulier, auquel cas vous pourrez essayer de le purifier ou de vous en séparer si ça ne fonctionne pas, mais ça peut aussi venir de l'identité même du jeu. Par exemple, il y a des gens qui se sentent rebutés par l'imagerie très chrétienne de certains tarots et qui ne se sentent pas à l'aise en les manipulant. Au contraire, ça peut aussi être parce qu'ils sont trop éloignés de cet aspect religieux et qu'ils prennent un aspect presque provocateur qui peut mettre mal à l'aise. C'est à vous de juger, comme toujours. Ne vous forcez pas à utiliser quelque chose qui ne vous procure que des sensations négatives et qui vous met dans un état d'insécurité, rien de bon n'en sortira, c'est assez logique.

La cartomancie : divination par les cartes à jouer

Si vous ne savez pas trop par où commencer, que vous n'avez pas les moyens d'investir dans d'autres outils ou que vous souhaitez rester discret(e), jetez-vous donc sur le jeu de 32 cartes qui traîne dans le meuble de votre salon – si on vous demande, vous direz que c'était pour jouer au solitaire.

Leur utilisation est très similaire au tarot : on bat les cartes et on en tire un certain nombre en fonction du tirage qu'on a choisi. Comme au tarot, lorsqu'une carte est tirée à l'envers, elle représente – grosso modo – l'inverse de son sens originel. Par exemple, si une carte représente généralement une bonne nouvelle, tirée à l'envers, elle en annoncera une mauvaise. Je grossis volontairement le trait parce que ce n'est qu'un aperçu de ce qu'est la cartomancie, mais ça vous aidera à entrer plus facilement dans le monde fascinant de la divination par les cartes une fois que vous aurez compris les bases. Ça ne vous dispense pas de faire plus de recherches pour vous assurer de faire les choses aussi «correctement» que possible, histoire de ne pas trop fausser les résultats !

CŒUR

As : *amour, bonheur, foyer.*

Roi : *un homme avec la volonté d'aider, prêt à rendre service. Un bon ami.*

Reine : *une femme généreuse, mature et fondamentalement bonne.*

Valet : *un ami proche de bonne compagnie, qui peut éventuellement devenir un amant.*

Dix : *bonheur, chance, obstacles qui se lèvent, succès après quelques difficultés.*

Neuf : *vœux et rêves qui se réalisent.*

Huit : *préparez-vous à une visite ou à une invitation inattendue.*

Sept : *une personne sur qui on ne peut pas compter, des promesses brisées.*

Six : *une vague soudaine de chance et le soutien précieux d'une personne qui ne veut que votre bien.*

Cinq : *des gens jaloux gravitent autour de vous.*

Quatre : *changement, déménagement, voyages.*

Trois : *décision hâtive qui sera ensuite regrettée. Prenez votre temps, ne vous précipitez pas.*

Deux : *partenariat professionnel, prospérité, succès.*

PIQUE

As : *maladie, mauvaises nouvelles, perte d'un être cher, tragédie.*

Roi : *un homme qui va causer du tort à une relation, se mettre en travers et tout détruire à terme.*

Reine : *une femme cruelle ou une amie proche qui vous trahit soudain.*

Valet : *un individu qui se met en travers de votre route, une personne paresseuse qui se pose comme un obstacle à votre progression personnelle. Qui prend mais ne donne pas.*

Dix : *malchance, problèmes, soucis.*

Neuf : *défaite, maladie, perte, malheur. Malchance globale.*

Huit : *faux amis, traîtres. Observez vos relations de plus près et méfiez-vous.*

Sept : *disputes, querelles. Laissez gagner vos amis lorsque vous vous disputez avec eux, ça ne vaut pas la peine de s'épuiser ou de risquer d'aggraver les choses.*

Six : *petits changements et petites réussites, mais pas à la hauteur du travail fourni. Frustration.*

Cinq : *succès au travail ou en amour, après beaucoup de travail.*

Quatre : *légère vague de malchance, sans conséquences graves.*

Trois : *malchance, malheur. Ne vous morfondez pas trop, continuez d'avancer.*

Deux : *changement brutal et forcé.*

CARREAU

As : *message important.*

Roi : *un homme plus âgé aux intentions malsaines. Compétition, rivalité.*

Reine : *une femme qui aime propager des rumeurs et séduire pour mieux tromper.*

Valet : *un homme porteur de mauvaises nouvelles, égoïste.*

Dix : *argent, avarice, vénalité.*

Neuf : *aventure, changement, voyages, impatience, déménagement.*

Huit : *changements amoureux, financiers ou professionnels.*

Sept : *malchance professionnelle.*

Six : *problèmes relationnels, disputes, séparation.*

Cinq : *chance, succès, bonheur, changements positifs, naissance. C'est le moment de se lancer dans des nouveaux projets.*

Quatre : *héritage, conseils financiers venant d'un proche plus âgé. Querelles entre proches.*

Trois : *querelles, disputes, séparation.*

Deux : *relation amoureuse sérieuse, pas nécessairement approuvée par l'entourage.*

TRÈFLE

As : *prospérité, reconnaissance, succès, une certaine forme de célébrité.*

Roi : *un bon ami, quelqu'un sur qui on peut compter, surtout dans les périodes sombres.*

Reine : *une femme de confiance, une sœur ou quelqu'un qui en joue le rôle.*

Valet : *un bon ami qui sait trouver les mots, quitte à flatter pour remonter le moral.*
Dix : *bonheur, chance, voyages plein de bons souvenirs et de nouvelles rencontres.*
Neuf : *conflits non résolus, disputes amicales.*
Huit : *désespoir, besoin urgent d'argent.*
Sept : *chance, succès.*
Six : *amitié, partenariat, succès partagé.*
Cinq : *mariage ou début d'une longue alliance.*
Quatre : *échec, malchance.*
Trois : *mariage ou seconde chance, relation fructueuse.*
Deux : *déception, malchance, proches qui s'opposent, ragots, ne comptez pas sur les autres.*

LE PENDULE

Pour se lancer dans la radiesthésie, pas besoin d'aller acheter la Rolls-Royce des pendules – sauf si vous le voulez vraiment et que vous pouvez vous le permettre. N'importe quel objet lesté au bout d'une chaîne peut entièrement faire l'affaire. Allez donc faire un tour dans votre boîte à bijoux pour voir si vous n'avez pas un pendentif sous la main qui pourrait devenir votre pendule.

Si vous choisissez de l'acheter « tout fait », vous allez vite vous rendre compte qu'il existe un bon milliard de modèles différents – en métal, en bois, en pierre, en cristal, conique, rond, gravé, orné, serti, bref –, de quoi vous donner le tournis. Prenez bien le temps de choisir celui qui vous parle le plus, avec lequel vous vous sentez bien, qu'il soit sophistiqué ou très simple, fabriqué en usine ou fait maison.

Avant la première utilisation, prenez soin de nettoyer votre pendule et de le consacrer, un peu comme si vous vous présentiez à lui et que vous signaliez à l'univers l'existence d'un nouveau conduit pour communiquer avec vous.

Ensuite, posez votre coude sur la table et attrapez votre pendule par le haut de la chaîne pour qu'il puisse pendre librement. Ne le tenez pas trop fermement, assurez-vous que votre main est stable et ne bouge pas. Pensez à une question dont vous connaissez la réponse, telle que : « Est-ce que je m'appelle X ? » ou « Suis-je blond(e) ? » et laissez le pendule osciller. Ce mouvement sera votre « oui ». Refaites la même chose avec une question dont la réponse est clairement négative et notez le mouvement pour avoir votre « non ». Si le pendule fait un autre mouvement que ces deux-là quand vous posez une question, c'est que ce n'est pas clair, que la réponse est incertaine ou qu'elle n'a pas vocation à être connue. Ce sera votre « peut-être/je ne sais pas ».

Voici comment je lis mon pendule :

Oscillation verticale pour oui.
Oscillation horizontale pour non.
Rotation pour peut-être/je ne sais pas.

Dans un premier temps, partez du principe qu'il ne peut répondre à vos questions que par oui ou non. Il faudra donc aller au plus simple, quitte à découper votre question en plusieurs sous-questions pour laisser le moins de place possible à l'incertitude et au flou. Il faut aller droit au but, et moins les signaux seront brouillés, mieux votre pendule vous répondra.

Une fois que vous vous sentirez suffisamment à l'aise et que vous maîtriserez bien le oui et le non, que votre pendule vous semblera familier et qu'une « relation » sera établie entre vous – ça peut paraître étrange vu comme ça, mais j'ai toujours considéré que ces outils avaient une forme d'âme et qu'on a bel et bien un lien avec eux, ce qui explique que je parle aussi souvent à des objets inanimés –, vous pourrez aller plus loin.

Pour obtenir des réponses plus développées que « oui », « non » et « je ne sais pas », certaines personnes utilisent une planche de lecture. Elle se présente généralement sous forme de cercle ou de demi-cercle, découpé en sections, et chaque section correspond à une réponse. Le pendule est ensuite placé au-dessus du centre. La réponse ne dépend pas de la façon dont il oscille mais de l'endroit qu'il désigne sur la planche, ce qui vous donnera votre réponse. C'est un peu comme la roue de la fortune avec son curseur.

Les runes

Bien qu'il existe plusieurs alphabets runiques, le plus connu reste le Futhark, utilisé aussi bien par les populations germaniques, nordiques qu'anglo-saxonnes, par exemple. Aujourd'hui, il a été mixé à toutes les sauces et se retrouve dans beaucoup de sphères socioculturelles, des plus banales aux plus radicales.

Mais ce qui nous intéresse ici, c'est son utilisation comme outil divinatoire. Les runes sont des petites pièces – généralement en pierre ou en bois – sur lesquelles sont gravées les lettres de l'alphabet runique. Chaque pièce devient donc le symbole d'une lettre et de la signification qui se cache derrière, car, contrairement à notre alphabet, les caractères runiques ne font pas uniquement référence à une sonorité mais également à un symbole.

Parmi les méthodes de tirage, la plus connue reste encore celle de la « pioche » : toutes vos runes sont bien au chaud dans un petit sachet opaque dans lequel vous plongez votre main pour piocher le nombre de runes nécessaires à votre tirage – comme pour le tarot, le nombre peut varier selon la méthode – avant de les retourner devant vous, soit en les disposant dans un ordre particulier, soit en les révélant simplement. Vous pouvez aussi sortir toutes vos runes, face contre terre, et en retourner quelques-unes sans avoir à les disposer autrement.

Voici une petite liste non exhaustive de mots-clés associés à chaque rune. N'hésitez pas à faire plus de recherches ou à vous offrir un guide spécialisé pour vous lancer vraiment, cette liste ne suffira pas à bien analyser chaque rune entièrement !

ᚠ Fehu : abondance, créativité, force, prospérité, succès.

ᚢ Uruz : courage, force brute, guérison, résilience.

ᛏ Thurisaz : attaque, défense, protection, prudence, résistance.

ᚨ Ansuz : communication, inspiration, parole.

ᚱ Raido : action, progrès, voie spirituelle, voyages.

ᚲ Kenaz : création, désir, magie, passion, sagesse, savoir.

ᚷ Gebo : échange, équilibre, générosité, partage, union.

ᚹ Wunjo : chance, créativité, harmonie, sécurité, souhaits.

ᚺ Hagalaz : épreuve, perte, perturbation, transformation.

ᚾ Nauthiz : acceptation, désir, patience, retenue.

ᛁ Isa : blocages, isolement, repli, retard, solitude.

ᛃ Jera : changement, croissance, évolution, profit, recommencement, retour.

ᛇ Eihwaz : changement de cycle, dépassement, renaissance.

ᛈ Perthro : destin, divination, inconnu, mystères.

ᛉ Algiz : avertissement, conscience, croissance, protection.

ᛊ Sowulo : apprentissage, connaissance, pouvoir, succès, victoire.

ᛏ Teiwaz : combativité, courage, croissance, épreuves, justice, victoire, volonté.

ᛒ Berkana : création, créativité, croissance, fertilité, naissance, nouveauté.

ᛖ Ehwaz : amitié, changement, confiance, coopération, mobilité, voyages.

ᛗ Mannaz : association, collaboration, communauté, décision, tradition.

ᛚ Laguz : clairvoyance, émotions, énergie, évolution, intuition, vie.

◇ Inguz : développement, fertilité, préparation, protection.

ᛞ Dagaz : équilibre, harmonie, nouveau départ, optimisme.

ᛟ Othila : accomplissement, ancêtres, confort, famille, filiation, foyer, héritage, stabilité.

? Wyrd – la rune vierge : pièce laissée volontairement nue, qui signifie que la réponse à la question posée n'est pas encore connue et qui représente tout ce qui est inconnu, secret ou caché. Pour certaines personnes, elle renforce la signification des autres runes tirées avec elle.

Vous pouvez acheter votre set de runes dans un magasin spécialisé ou en ligne, mais vous pouvez également les fabriquer vous-même, d'autant que c'est atrocement simple. Plusieurs possibilités, selon le matériau utilisé.

Pierre

Partez en vadrouille dans la nature et allez ramasser 25 petits cailloux de taille à peu près égale.

Bois

Au rayon arts de la table et décoration de mariage, vous trouverez souvent des petites rondelles de bois fines utilisées comme marque-places.

Verre

Vous voyez les petites billes plates et colorées qui se mettent au fond des aquariums ou dans des vases pour décorer ? Achetez-en un filet de la couleur qui vous parle le plus !

Une fois que vous avez votre matière, munissez-vous de peinture acrylique, d'un marqueur ou même d'un outil à gravure pour orner chaque pierre, chaque bille ou chaque rondelle de bois d'un symbole jusqu'à avoir votre set de runes que vous pourrez ranger dans un joli petit pochon en velours une fois sèches, et voilà !

Les bougies

Encore une méthode toute simple, puisqu'elle consiste à allumer une bougie et à observer le comportement de la flamme pour y trouver des réponses. La simplicité de l'exercice ne doit pas pour autant vous dispenser de vous préparer correctement avant de vous lancer. Assurez-vous d'avoir l'esprit aussi clair que possible et de pouvoir travailler au calme dans un environnement sans distraction, ni pollution sonore ou visuelle. Vous pouvez créer un petit cercle consacré autour de votre espace de divination, si ça fait partie de votre pratique ou si vous pensez en avoir besoin.

Concentrez-vous bien sur votre question, respirez, détendez-vous au maximum et allumez votre bougie.

★ Si la bougie refuse de s'allumer : Rien ne sert de poser des questions à l'univers, les choses sont déjà en mouvement, vous ne pouvez plus rien y faire. Prenez quelques jours pour méditer sur votre question et réessayez plus tard. Peut-être que votre esprit est trop embrouillé, c'est signe qu'il faut travailler d'abord sur votre état physique et/ou spirituel avant de chercher des réponses ailleurs.

★ Si la flamme est puissante et stable : Tout va bien, les choses suivent leur cours et l'issue des événements sera positive. Toutes les énergies sont de votre côté et aucun obstacle ne traînera longtemps sur votre chemin.

★ Si la flamme est faible ou si elle s'éteint toute seule : Posez-vous la bonne question. Est-ce que cette voie est vraiment celle qu'il vous faut ? Pourquoi vous êtes-vous engagé sur cette route ? Des obstacles vous barrent le chemin. L'issue sera probablement négative.

★ Si la flamme danse et vacille : L'énergie est présente, mais elle est chaotique, indisciplinée et a tendance à s'éparpiller. Prenez le temps de réfléchir avant de vous engager dans une direction, même si elle vous semble logique. Ne vous précipitez pas.

★ Si la flamme crépite : La communication est ouverte, les esprits vous parlent. Si vous pensez à une personne en particulier, il est possible qu'elle soit en train de penser à vous ou de parler de vous.

★ Si la flamme fait beaucoup de fumée : Les esprits vous aident à chasser les énergies négatives, à vous purifier spirituellement. Ça laissera la place à de nouvelles opportunités, et on vous invite à observer la situation et à chercher les signes qu'on vous envoie.

★ Si la flamme refuse de s'éteindre : Les esprits vous informent que le rituel n'est pas terminé. Asseyez-vous et écoutez. Réfléchissez à votre question. Était-ce la bonne ? Doit-elle être développée ? Avez-vous oublié de dire quelque chose ? Prenez le temps avant de réessayer d'éteindre la bougie – de préférence en étouffant la flamme avec une cloche ou avec vos doigts mouillés (en faisant, évidemment, très attention à ne pas vous brûler) et non en soufflant dessus.

LES DÉS

Faciles à utiliser et à trouver, les dés sont une excellente option pour une petite séance de divination rapide ou, mieux, quand vous êtes en déplacement. Plus simples à glisser dans un sac et plus discrets qu'un jeu de tarot ou qu'un sachet de runes, ce sont les parfaits petits compagnons de voyage des devins.

Toutefois, les méthodes restent nombreuses, c'est pourquoi j'ai choisi de n'en partager que deux, qui me semblent être les plus accessibles pour débuter. Il vous faudra donc des dés et une surface plane soit déjà ronde par nature, soit agrémentée d'un cercle tracé. Un petit plateau circulaire peut parfaitement faire l'affaire.

Première méthode : avec deux dés

Cette technique ultra simple fonctionne comme un oracle assez direct (elle rappelle un peu les boules magiques qu'on avait quand on était enfant et qu'on secouait pour avoir une réponse finalement assez vague).

Concentrez-vous sur une question, puis jetez les dés dans le cercle. Ne comptez pas ceux qui tombent en dehors.

Un : Oui.
Deux : Non.
Trois : Soyez prudent.
Quatre : Réfléchissez.
Cinq : Bonne chance.
Six : Bien sûr.

Sept : Gardez la foi.
Huit : Soyez patient.
Neuf : Certainement.
Dix : Peu probable.
Onze : C'est absurde.
Douze : Avec un peu de chance…

Seconde méthode : avec trois dés

Pour obtenir des réponses plus étoffées, tournez-vous plutôt vers cette technique.

Si un dé tombe en dehors du cercle, ça ajoute des difficultés. Si deux dés tombent en dehors du cercle, ça annonce des disputes et des querelles. Si les trois dés tombent en dehors du cercle, c'est signe de chance et l'univers vous dit qu'un tirage n'est finalement pas nécessaire, que tout va bien se passer. (Ne jetez pas les dés n'importe comment pour autant en essayant de tomber « accidentellement » hors du cercle, hein…)

Un, deux : Pas de réponse disponible pour l'instant.
Trois : Un changement inattendu arrive, avec de bonnes nouvelles à la clé.
Quatre : Désaccords, disputes, malentendus, mauvaise surprise.
Cinq : Vœux qui se réalisent, plans qui se déroulent comme prévu, bonnes surprises.
Six : Malchance, perte.
Sept : Difficultés, finances difficiles, rumeurs, mais tout finira par s'améliorer.
Huit : Ne vous précipitez pas et restez discret.
Neuf : Alliance à venir, dans les affaires ou en amour. Succès.
Dix : Nouveaux départs, naissance, nouveau boulot ou promotion.
Onze : Départ, maladie, mort, voyages.
Douze : Argent, un message important arrive. Soucis légaux.
Treize : Déception, période de malheur. Ça ne s'arrangera pas si vous continuez sur cette route, ne vous apitoyez pas sur votre sort et changez de voie.
Quatorze : Aide d'un proche, nouveaux amis, nouvel amour.
Quinze : Méfiez-vous des faux amis et suivez votre intuition. Attendez quelques jours avant de commencer un nouveau projet.
Seize : Court voyage aux conséquences heureuses.

Dix-sept : Écoutez les conseils des gens, même ceux que vous ne connaissez pas ou peu. Changez de perspective. Ajustez vos plans.
Dix-huit : Accomplissement, chance, épanouissement, succès.

MÉTHODES SIMPLES ET RAPIDES

Si vous voulez essayer quelque chose de nouveau ou poser une petite question rapide, voici quelques méthodes très simples – et donc moins précises – pour varier et voir un peu ce que l'univers peut vous raconter via d'autres biais !

La daphnomancie

Probablement l'une des méthodes les plus simples, la daphnomancie consiste à brûler des feuilles de laurier après s'être concentré sur une question. Si les feuilles crépitent et s'embrasent facilement, c'est positif, si elles sont silencieuses et peinent à s'enflammer, c'est plutôt mauvais signe.

Ce procédé tient son nom de la nymphe Daphné, qui s'est transformée en laurier pour échapper au dieu Apollon.

La lécanomancie

Une autre technique facile et rapide à garder en tête pour les balades à venir : la lécanomancie consiste à jeter une pierre dans l'eau et à compter les ondulations qui se forment autour. Si le nombre est pair, c'est oui, s'il est impair, c'est non. C'est encore plus efficace avec un cristal de votre collection – résistant à l'eau – et vous pouvez faire ça dans un récipient quelconque rempli d'eau du robinet dans le confort de votre foyer.

La Bibliomancie

La bibliomancie consiste à ouvrir un livre au hasard et à lire la première phrase ou le premier mot qui vous tombe sous les yeux pour en tirer un signe ou la réponse à une question.

Si vous pensez que tout ça fait déjà beaucoup d'options, sachez que je n'ai traité ici que de 20% des méthodes de divination existantes, et de façon extrêmement superficielle. Si une pratique vous intrigue et vous intéresse, je vous encourage à plonger dans le monde merveilleux des recherches sur le sujet, qui peuvent durer toute une vie tellement c'est vaste et changeant et tant les interprétations sont multiples.

Si ce que j'ai partagé dans ce chapitre vous permet de vous mouiller un peu pour tester la température de l'eau, c'est loin d'être suffisant pour pouvoir entièrement maîtriser ne serait-ce qu'une des options. Ne négligez pas la phase de recherche, que ce soit pour la divination ou pour tout ce qui concerne la sorcellerie. C'est l'étape la plus importante mais aussi celle qui ne prend jamais totalement fin. Si quelqu'un vous assure ne plus avoir besoin de faire de recherches, méfiez-vous. L'apprentissage n'est jamais vraiment fini, restez humble et ouvert !

COMMENT ENCHANTER UN OBJET ?

Un objet « enchanté » est un charme qui peut prendre plusieurs formes et dans lequel on concentre une certaine intention. On peut par exemple enchanter un collier pour éloigner les mauvaises énergies ou un cristal qu'on gardera dans sa poche pour se protéger des crises d'angoisse.

Vous avez sans doute déjà entendu parler des termes « amulette » et « talisman » sans nécessairement savoir quelle était la différence entre les deux. Pour résumer : généralement, une amulette est utilisée pour repousser et éloigner certaines choses, alors qu'un talisman est fait pour attirer et absorber. Ce qui signifie donc qu'on créera une amulette pour éloigner les cauchemars et un talisman pour attirer l'amour.

Enchanter un objet revient à l'infuser de son intention. C'est un exercice de concentration et de visualisation qui s'accompagne parfois de quelques accessoires pour se faciliter la tâche – certaines bougies, de l'encens, des huiles rituelles, etc. pour oindre l'objet en question.

Selon l'intention et l'objet, le rituel d'enchantement sera plus ou moins intense et les accessoires utilisés dépendront du résultat souhaité. Il n'existe pas de « recette unique » pour enchanter un objet, bien que la racine soit toujours la même : on fera en sorte de diriger son intention dans un vaisseau inanimé pour qu'il en soit le diffuseur par la suite. Cet objet sera ensuite caché, porté, mangé, disposé sur un autel ou offert, et portera toujours l'intention qui lui a été infusée. Cette intention peut s'estomper avec le temps et nécessitera peut-être d'être réactualisée de temps en temps, voyez ça comme des retouches.

Pour réaliser un enchantement, mieux vaut avoir une intention claire, la possibilité de bien se concentrer et une forme physique plutôt bonne – selon votre échelle personnelle. Une fois les conditions réunies et l'espace dans lequel le rituel à réaliser purifié, vous pouvez commencer en plaçant l'objet que vous souhaitez charger devant vous. Faites le vide dans votre esprit – autant que possible du moins – et commencez à vous concentrer doucement. Respirez calmement, laissez passer les pensées parasites sans vous arrêter dessus et, au fur et à mesure, concentrez-vous de plus en plus fort sur votre intention. Une fois que vous commencez à y voir clair, que votre désir prend forme et reste à peu près constant dans votre esprit, prenez l'objet dans vos mains et visualisez cette intention passer de votre esprit à votre cible, en un flux continu.

Pour vous aider, vous pouvez utiliser votre souffle en le dirigeant vers l'objet, doucement, calmement. Si vous le pouvez, verbalisez votre intention pour cet objet de façon claire et concise, et répétez la même phrase en rythme en vous concentrant toujours sur la transmission en cours et le résultat visé. Vous pouvez parler, crier, chuchoter, chanter, à vous de choisir ce qui vous semble le plus adapté à la situation.

Concernant la verbalisation en elle-même, dans la création d'un charme contre les cauchemars, par exemple, vous pouvez utiliser une phrase toute simple telle que : « Mes nuits sont paisibles. » Pas besoin d'écrire un poème de douze strophes en rimes riches pour que l'intention soit claire, au contraire, vous risqueriez de vous disperser.

Selon l'objectif, vous pouvez vous entourer d'éléments liés à l'intention que vous mettrez dans cet objet – des bougies de couleur, des herbes, des cartes de tarot, des cristaux, des plumes, des os, de l'encens… –, vous pouvez également les faire entrer en contact avec l'objet pour qu'il en soit renforcé. Tout dépend du charme utilisé et de sa compatibilité avec tous ces éléments.

Cette base de rituel est entièrement modulable, tout dépend de ce que vous souhaitez accomplir. Il est aussi possible d'enchanter une boisson ou un aliment, auquel cas la marche à suivre sera légèrement différente. Entraînez-vous avec votre tasse de café le matin en lui insufflant une intention pour la journée – pensez à tourner votre cuillère dans le bon sens selon ce que vous recherchez : sens des aiguilles d'une montre pour attirer quelque chose, sens inverse pour le repousser.

ORGANISER UN ESBAT

Comme vu dans le petit lexique, un esbat est un rassemblement de sorcières qui a lieu en dehors des sabbats de l'année, généralement un soir de pleine lune ou pour la nouvelle lune. Le terme est généralement lié à la wicca mais s'est répandu dans les cercles païens avec le temps.

C'est ce qui a donné lieu à moult fantasmes représentant des femmes nues dansant autour d'un feu de joie, et si c'est effectivement une option tout à fait respectable pour célébrer la pleine lune, ce n'est pas forcément à la portée ni au goût de tout le monde. Disons qu'on peut faire beaucoup plus simple, quoi.

Pour organiser votre esbat, vous n'avez besoin que de vos sorcières préférées et d'un lieu de rassemblement – extérieur ou intérieur, public ou privé, à vous de voir. À noter que si c'est en extérieur et/ou dans un lieu public, les possibilités risquent d'être un peu plus restreintes et il faudra faire preuve de respect pour le lieu emprunté et son éventuel propriétaire.

Le déroulement de la soirée peut être aussi simple ou élaboré qu'on le souhaite et changer selon les mois et les envies. Le but n'est pas d'en faire un devoir et de se mettre la pression pour le faire exactement comme il faut sans dévier sous peine de châtiment divin, sinon ça perdrait de son intérêt. Ça peut prendre la forme d'un apéro entre potes avec des discussions sur la sorcellerie, dont les points auront été prédéfinis pour que chacun se prépare avant, ou totalement improvisés avec un grand thème « chapiteau » pour lancer la discussion qu'on laissera ensuite se poursuivre naturellement au fil de la soirée. On peut organiser des tours de table, avec une question commune à laquelle chacun répond en parlant de son expérience personnelle, de ses croyances, de ses constats, pour mettre toutes les connaissances en commun et entamer de nouvelles conversations.

Je sais que certaines personnes préfèrent partir avec un cadre, avoir un squelette pour le déroulement de l'esbat, histoire que ça ne s'écarte pas complètement du sujet, tandis que d'autres préfèrent laisser les choses se faire, parce qu'il y a des jours où ça fonctionne mieux que d'autres et qu'il ne sert à rien de forcer la conversation si elle ne vient pas. J'ai vécu plusieurs esbats au cours desquels la discussion n'avait pratiquement aucun rapport avec la sorcellerie et seul le casting de la soirée donnait un indice sur ce qui était censé se passer – trois heures à boire du vin en parlant de nos vies au final. On en a ri en repartant, personne ne s'en est vraiment offusqué puisqu'on a passé un chouette moment et qu'on en est ressorties revitalisées, pleines de nouvelles pensées et d'histoires à digérer tranquillement, et parfois c'est tout ce dont on a besoin.

Que ça ne vous empêche pas de planifier un esbat hypersophistiqué pour autant si c'est ce qui vous fait envie ! Faut dire que ça fait aussi beaucoup de bien et qu'on apprend souvent plein de choses au cours de ces soirées – et ce serait dommage de se priver de ce savoir.

Commencez par définir qui sera invité et pourquoi. Il faut que ce soit des personnes avec qui vous vous sentez un minimum en confiance et à l'aise, à qui vous vous voyez bien vous confier, avec qui vous pouvez dialoguer, échanger, débattre sans animosité et qui partagent à peu près les mêmes piliers moraux que vous. Vos pratiques n'ont pas besoin d'être identiques, à moins que vous ayez envie de réaliser des rituels très précis ensemble, auquel cas mieux vaut être d'accord sur certaines bases, mais si vous restez dans des choses assez universelles et simples, et que vous ouvrez le dialogue, il peut être justement plus intéressant d'ouvrir votre cercle aux gens dont la pratique diffère de la vôtre.

Une fois votre liste d'invités prête, vous pouvez commencer à réfléchir au déroulement de la soirée. Qu'est-ce que vous allez boire ? Manger ? Allez-vous réaliser un ou plusieurs rituels ? Si oui, lesquels ? Quelle sera l'intention principale de la soirée ? Sur quoi allez-vous vous concentrer ? Sur quels sujets souhaitez-vous échanger ?

Vous n'êtes pas obligé(e) de répondre à toutes ces questions, mais ce sont des pistes qui vous aideront à y voir un peu plus clair dans ce que vous voulez faire de votre soirée. Pensez à ne pas trop surcharger le programme. On fait souvent l'erreur de vouloir tout faire tout de suite sans penser aux contraintes de temps et d'énergie. Mieux vaut prévoir quelque chose de simple et laisser la soirée vous surprendre plutôt que de prévoir un programme trop vaste et de repartir frustré(e) de ne pas avoir pu tout faire.

PETITE LISTE D'IDÉES POUR UNE SOIRÉE ENTRE SORCIÈRES

★ Créez votre propre cocktail signature ou, mieux encore, votre bouteille d'hypocras : ce vin parfumé à la cannelle, pas si compliqué à réaliser, que vous pourrez déguster dans vos jolis calices.

- ★ Préparez des petits gâteaux chargés d'intentions sans oublier d'en laisser une part pour les disparus et les entités / déités à qui vous souhaitez rendre hommage. Autre option : offrir ensemble ces gâteaux aux gens dans le besoin qui croiseront votre chemin, histoire de transmettre un peu d'amour et de compassion.
- ★ Mettez vos noms dans un panier, tirez-en chacun(e) un au sort et fabriquez un charme pour la personne dont vous avez pioché le nom.
- ★ Tirez-vous les cartes et comparez vos interprétations.
- ★ Organisez une chasse au trésor ! Définissez un certain nombre d'objets à trouver dans un périmètre défini en vous concentrant sur les petites choses qui pourront servir pour des rituels ou pour décorer votre autel – plumes d'une certaine couleur, caillou d'une certaine forme, fleurs, branches, feuilles, pièces de monnaie, etc. Autre option : définissez une intention dès le départ et lancez le défi à chaque participant de revenir uniquement avec des éléments en rapport avec cette intention. Par exemple, lancez l'idée d'un sort de prospérité et laissez-les trouver des éléments qui y sont liés dans le périmètre défini et dans un temps imparti.
- ★ Partez en expédition avec tous vos cristaux pour aller les charger sous la pleine lune !
- ★ Faites une promenade nocturne dans la nature, si votre environnement vous le permet. Écoutez les sons de la nature, sentez, touchez, tentez de deviner ce que vous voyez dans la pénombre, regardez les étoiles et la lune, nourrissez-vous ensemble de tout ce que l'univers a à vous offrir.
- ★ Faites un rituel de souhait sous la pleine lune et canalisez l'énergie du groupe pour décupler vos intentions.
- ★ Décidez d'une mauvaise habitude dont vous souhaitez vous débarrasser, tour à tour, puis faites un rituel pour vous aider dans votre mission – et faites le point le mois suivant pour comparer vos résultats !
- ★ Tentez de contacter ensemble l'esprit d'un proche disparu.
- ★ Essayez une méthode de divination différente de celle(s) que vous avez l'habitude de pratiquer.
- ★ Réalisez un rituel de dévotion pour renouveler vos vœux envers la déité que vous suivez ou simplement pour confirmer votre voie à l'univers et réaffirmer votre magie personnelle.
- ★ Faites un petit atelier manuel pour créer de nouveaux éléments pour décorer vos autels.

CRÉER SES PROPRES SIGILS

La symbolique est, comme vous l'aurez sans doute remarqué, un des éléments les plus importants de la sorcellerie. Il est souvent recommandé de représenter une intention ou un objectif de façon claire et concise pour éviter de s'éparpiller, de perdre du temps et de ne pas réussir à canaliser son énergie. Et c'est là que les sigils entrent en jeu.

Les sigils sont des symboles graphiques que l'on trouve dans des ouvrages de référence ou que l'on peut créer soi-même. On parle également de sceaux. Chaque symbole est chargé d'une intention précise. Ainsi, on trouvera des sigils de protection, de purification, de prospérité, etc. Ils peuvent être dessinés, peints, gravés, mais aussi formés dans l'air à l'aide de la main ou d'un objet rituel – baguette, athamé, pointe de cristal… On peut utiliser des symboles existants – astrologiques, alchimiques, alphabétiques, géométriques… – ou en inventer de nouveaux, voire mélanger les deux. L'important, c'est de trouver la technique qui vous semble la plus proche de votre façon de faire, qui vous rassure et qui vous paraît naturelle. J'ai essayé, au départ, de recopier ceux que je trouvais dans des vieux grimoires, mais j'avais toujours peur qu'ils aient une portée différente, trop puissante, sûrement par superstition, et j'ai vite abandonné au profit d'une autre méthode. Si un sigil est créé dans la peur et que c'est ce qui m'inspire quand je l'utilise, il y a de fortes chances pour que ça ne fonctionne pas comme prévu, voire que ça se retourne contre moi, donc je préfère éviter de prendre des risques inutiles.

Pour créer vos propres sigils, il existe une multitude de techniques que je ne vais pas lister ici sous peine de devoir écrire cent pages de plus, voici déjà quelques pistes pour commencer avec des options faciles et accessibles.

L'option qui me semble être la plus simple est celle du dessin réalisé à l'aide de lettres. En prenant plusieurs lettres et en les reliant les unes aux autres, on forme facilement un symbole qui est totalement illisible pour ceux qui ne savent pas ce qu'ils regardent, mais qui sera facilement déchiffrable pour la personne qui l'aura créé.

Tout commence par une affirmation. Votre sigil devra représenter une intention, un but, quelque chose qui incarne ce que vous souhaitez obtenir et réaliser.

Vous êtes insomniaque ou vous faites des cauchemars toutes les nuits? Vous avez besoin de bien dormir. C'est donc sur cette intention qu'il faudra se concentrer. Attention, ne tombez pas dans le piège de la politesse et de l'optimisme lointain en formulant ça trop prudemment. Ne dites pas: «J'aimerais bien passer de meilleures nuits», mais plutôt: «Je dors bien». On ne parle pas d'affirmations pour rien, c'est exactement ce que ça doit être. Présentez ça comme une évidence, un résultat sûr.

Donc, en prenant l'exemple de «Je dors bien», voici comment vous pouvez commencer à construire votre sigil.

Technique n°1 : Prenez la première lettre de chaque mot.

Je Dors Bien > J D B.

Ce qui peut donner quelque chose dans ce goût-là :

Technique n°2 : Retirez toutes les lettres qui se répètent.

Je Dors Bien > J D O R S B I N.

Ce qui donne un résultat un peu plus chargé selon l'affirmation et le nombre de lettres répétées :

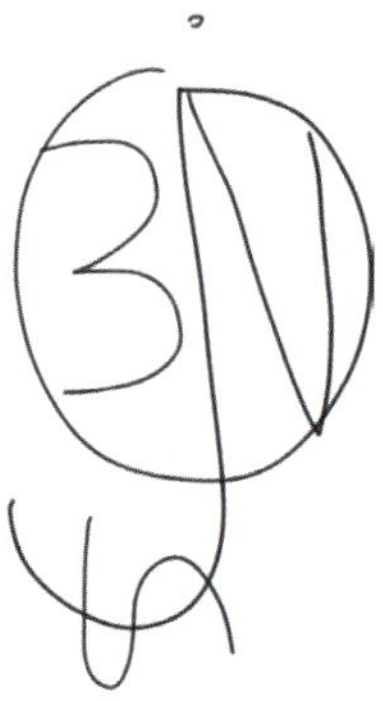

Technique n°3 : Retirez les lettres qui se répètent et les voyelles.

Je Dors Bien > J D R S B N.

Ça permet d'épurer encore un peu plus et d'éviter de se retrouver avec trop de lettres :

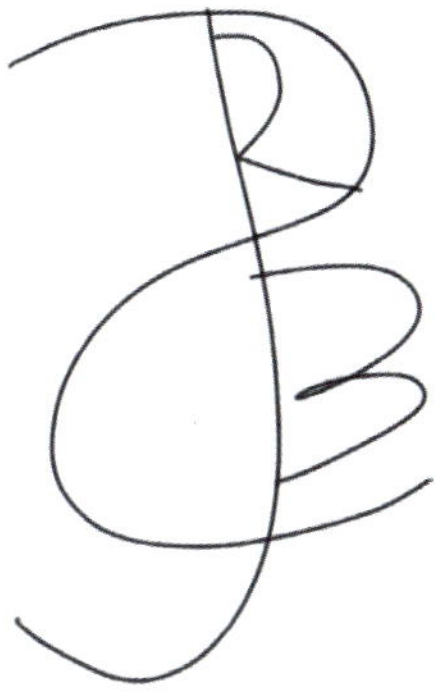

N'hésitez pas à retourner une ou deux lettres pour faciliter l'agencement, comme je l'ai fait avec le S ci-dessus.

Technique n°4 : Dessinez votre affirmation.

Si vous pouvez résumer votre affirmation à un petit pictogramme facile et rapide à dessiner, ça peut aussi parfaitement faire l'affaire. Dans le cas de « Je Dors Bien », vous pouvez, par exemple, représenter un lit tout simple, ou entouré d'un cœur ou d'un cercle pour représenter la bulle de sérénité, ou encore avec un petit personnage au sourire paisible qui dort dedans – c'est à vous de voir ce qui vous semble le plus adapté.

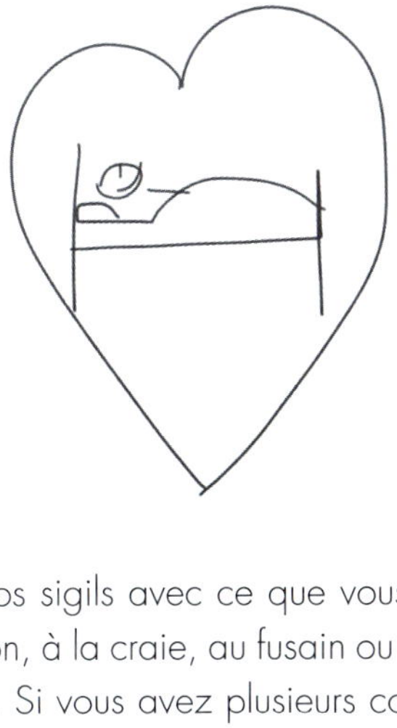

Vous pouvez dessiner vos sigils avec ce que vous voulez, que ce soit au stylo, au feutre, au crayon, à la craie, au fusain ou à la bombe de peinture, c'est à vous de décider. Si vous avez plusieurs couleurs disponibles, vous pouvez leur ajouter un coup de pouce en les dessinant avec la couleur qui correspond à l'intention que vous mettrez derrière. Mettez toutes les chances de votre côté !

> Si vous manquez d'imagination ou si vos talents d'artiste sont très limités, une petite recherche sur Google avec le nom de l'intention désirée accolée au terme « sigil » vous permettra de trouver plusieurs exemples à reproduire !

QUE FAIRE DES RESTES DE SES RITUELS ?

Une fois qu'un rituel est terminé, il est possible qu'il vous reste pas mal d'éléments dont vous devrez disposer, soit parce que ça fait partie des étapes du rituel, soit parce que vous n'en avez plus besoin.

Pour choisir la meilleure façon de se débarrasser de ces éléments, il faut garder deux choses en tête : 1) la raison d'être du rituel (l'intention) et 2) le respect de l'environnement et du voisinage.

N'oubliez pas la règle d'or : faites confiance à votre intuition, il y a des choses qui s'imposeront naturellement. Si vous avez confectionné un charme pour vous aider à mieux dormir, il vous semblera logique de le garder près de votre lit au lieu de l'enterrer dans un jardin, par exemple.

En cas de doute, voici une petite liste facile à retenir, à garder en tête lorsque vous ne serez pas trop sûr(e) de la marche à suivre.

- ★ Si vous voulez éloigner quelque chose, vous en débarrasser, éliminer une influence néfaste : direction la chasse d'eau, la poubelle ou la fenêtre – si c'est biodégradable et que personne ne passe en dessous à ce moment-là.
- ★ Si vous souhaitez vous attirer quelque chose, le garder près de vous, en récolter les fruits : enterrez-le près de vous – dans votre jardin ou une jardinière par exemple –, près de votre porte d'entrée, sous votre lit ou dans un tiroir de votre table de chevet.

- ★ Si vous voulez détruire ou bannir quelque chose : brûlez-le – en faisant bien évidemment attention à ne pas tout incendier ou vous blesser. Jetez ensuite les cendres dans la poubelle ou par la fenêtre.
- ★ Si vous souhaitez que ça s'étende, que ça revienne au monde et à l'univers : jetez-le dans un cours d'eau ou aux quatre vents – uniquement si c'est naturel, biodégradable et non dangereux, évidemment.
- ★ Si vous jetez des restes de rituel dans une poubelle, essayez de la vider et de la sortir dans la foulée pour éloigner tout ça de vous dès que possible. Moins ça traîne à vos côtés, mieux vous vous porterez !

Comment utiliser les restes de cuisine ?

Un des trucs qu'on apprend assez rapidement quand on se lance dans une pratique régulière de la sorcellerie, c'est que tout peut avoir une utilité. Ce qui explique que beaucoup de sorcières ont une tendance à l'accumulation et qu'on les entend souvent prononcer la phrase : « On sait jamais, ça peut servir » –, ce qui a tendance à hérisser le poil des adeptes des styles épurés et minimalistes. Ayant grandi dans cet environnement, avec une mère clairement croisée avec un écureuil et un père obsédé par les collections en tout genre, je suis devenue une combinaison des deux qui a tendance à subjuguer mes amis qui ne comprennent pas pourquoi je garde autant de choses, surtout vu l'espace restreint qu'offre mon petit appartement parisien.

Quand on parle de bibelots, de matériel, de petits objets, on peut assez facilement justifier notre attachement en disant que c'est un souvenir ou que ça a une valeur émotionnelle inestimable – tout le monde n'approuve pas, mais ça se tient. Là où ça devient plus compliqué, c'est quand on commence à collectionner les restes de cuisine. Et pourtant, ils peuvent avoir beaucoup, beaucoup d'utilité dans la sorcellerie. Résultat, on se met carrément à stocker ce que d'autres considèrent comme des ordures ménagères. Mais vous comprenez : on sait jamais, ça peut servir.

La prochaine fois que vous ferez la cuisine, réfléchissez donc à un usage ultérieur. En attendant, voici un petit guide des restes les plus « évidents » à conserver – en faisant bien attention à ne pas vous retrouver avec des récipients tous moisis et infestés de bestioles, évidemment. Certains éléments doivent être utilisés rapidement et se conservent moins bien que d'autres.

- ★ Les coquilles d'œuf : Comme nous l'avons déjà vu dans le chapitre sur les correspondances, les coquilles d'œuf sont un symbole de protection et de purification. Très faciles à utiliser, les coquilles broyées et réduites en poudre remplacent le sel pour créer un cercle magique, surtout quand c'est en extérieur et que vous ne voulez pas assécher la terre qui vous accueille. Elles peuvent aussi être ajoutées à d'autres préparations, saupoudrées à des endroits clés de votre domicile, et même être utilisées comme de la craie pour dessiner des sigils et d'autres symboles magiques sur certaines surfaces.

★ Les écorces d'agrumes : En plus de pouvoir être placées dans des pots-pourris pour améliorer l'ambiance de votre foyer, les écorces d'agrumes peuvent être utilisées dans certains rituels et certaines préparations. N'hésitez donc pas à les mettre de côté et à les passer au four sur une feuille de papier sulfurisé pour les assécher et pouvoir les stocker sans qu'elles ne s'altèrent.

★ Les épluchures de légumes : Si vous ne mangez pas la peau de certains légumes, vous pouvez récupérer les épluchures pour les utiliser dans vos sorts sans avoir à « gâcher » de la nourriture.

★ Le marc de café : Il peut être utilisé pour la divination, mais pas que ! Rien qu'en cherchant dans les correspondances évidentes, le café peut servir, par exemple, dans des sorts de motivation, d'énergie, ou pour lutter contre la fatigue, mais aussi pour certains soins beauté faits maison… À vous de laisser filer votre imagination. Mais utilisez-le rapidement, avant qu'il ne moisisse !

★ Les noyaux de fruits : Symbole évident de fertilité, le noyau peut aussi concentrer en lui toutes les propriétés magiques qui sont associées au fruit dont il est extrait, donc n'hésitez pas à les récupérer (après les avoir bien nettoyés et passés au four pour en extraire toute l'humidité).

★ Les os : Les os d'animaux peuvent également avoir plusieurs usages dans la sorcellerie, notamment pour les arts divinatoires. Après le poulet rôti du dimanche, vous pouvez récupérer les os, les faire bouillir, les laver précautionneusement avant de les laisser tremper dans un mélange d'eau du robinet et d'eau de Javel, puis de les laver et de les rincer à nouveau avant de les mettre à sécher. Si vous avez des animaux de compagnie, faites bien attention à ne pas les laisser à leur portée !

★ Le pain rassis : Si vous travaillez avec des divinités, le pain rassis peut être récupéré pour servir d'offrandes, surtout si vous ajoutez quelque chose de doux et de sucré par-dessus, comme du miel, par exemple. Vous pouvez le laisser en extérieur dans un lieu que vous choisirez pour son côté pratique ou pour son association avec la cible de cette offrande – jardin, forêt, rebord de fenêtre ou encore cimetière, c'est à vous de voir !

★ Les récipients : Ça ne se mange pas, mais c'est une évidence, parce qu'on n'aura jamais assez de bocaux, de boîtes et de bouteilles : recyclez, recyclez, recyclez ! Récupérez tous les récipients que vous pouvez en les nettoyant bien et en les faisant tremper dans un mélange d'eau chaude et de liquide vaisselle pour retirer les étiquettes si elles vous dérangent.

Selon ce que vous cuisinez et la façon dont vous pratiquez la sorcellerie, vous trouverez évidemment vos propres astuces au fur et à mesure de votre évolution, avec des choses qui vous paraîtront soudain évidentes et d'autres que vous copierez d'abord pour voir, avant de les abandonner parce que ça ne colle pas à votre façon de faire ou même de les modifier légèrement pour les adapter à votre méthode !

CRÉER UN AUTEL DE POCHE

Pour être toujours au taquet où que vous soyez, vous pouvez confectionner votre propre kit de poche – ou de sac, pour être plus réaliste – avec le matériel dont vous vous servez le plus souvent. Ça ne vous permettra pas de réaliser absolument tous les sorts et les rituels du monde où que vous soyez, mais ça en couvrira clairement une bonne partie et vous rendra plus mobile et plus efficace où que vous soyez.

Selon le nombre de choses que vous souhaitez emporter, vous pouvez mettre votre matériel dans une petite boîte en métal – comme une vieille boîte à pastilles ou à cigares, par exemple – ou dans une pochette hermétique.

Voici quelques idées dans lesquelles piocher pour créer votre propre kit :

Des petites bougies (chauffe-plats, bougies d'anniversaire...).
Une bougie LED pour les moments où vous ne pouvez pas utiliser de flamme.
Des allumettes ou un briquet.
Un bâton de craie.
Les cristaux dont vous vous servez le plus.

Des sachets / fioles remplis des herbes et/ou de mélanges aux usages les plus variés.
Une amulette.
De la sauge à brûler.
De la ficelle.
Des fioles / sachets vides.
Quelques sigils sur des bouts de papier.
Du papier.
Un jeu de tarot.
Un jeu de runes.
Un dé.
Une petite clochette.
Un pendule.
De l'eau dans un petit vaporisateur hermétique.
Du sel.
Deux ou trois feuilles de laurier.
Une pièce de monnaie.
Un miroir.
Un mouchoir ou un carré de tissu.
Des petits ciseaux de couture.

COMMENT UTILISER LES POUDRES ET MÉLANGES D'HERBES EN MAGIE

Maintenant que vous avez préparé vos petits flacons de poudre et vos mélanges en avance, bien rangés avec leurs petites étiquettes, la question se pose sûrement : comment on s'en sert ? En plus de faire fonctionner votre imagination et d'improviser, voici quelques endroits dans lesquels vous pouvez utiliser ces poudres :

Dans votre bain (en faisant toujours très attention aux ingrédients).
Sous votre paillasson.
Dans votre portefeuille.
Sur votre autel.
Sur vos bougies (attention là aussi, ne mettez pas n'importe quoi dans le feu).

Dans vos huiles rituelles.

Dans un mélange de peinture qui sera ensuite utilisé pour représenter des symboles ou vos objets magiques.

Dans l'argile qui vous servira à modeler vos objets / effigies.

Dans votre lessive.

Ajoutée à votre eau consacrée.

Ajoutée à votre mélange d'encens.

Laissée en offrande à une divinité / un ancêtre (à la base d'un arbre, dans un cimetière, sur votre autel...).

Dans vos tiroirs.

Ajoutée à vos fioles et sachets rituels.

QUATRIÈME PARTIE

SORTS & RITUELS

PASSER À L'ACTION

Maintenant qu'on a fait un beau tour d'horizon théorique, il est grand temps de passer à la pratique ! Même si vous n'avez fait que survoler les chapitres précédents, je suis sûre que vous avez réussi à en retenir l'essentiel et que vous vous sentez prêt(e) à passer à l'action. C'est pourquoi je vous ai concocté une petite sélection de sorts et de rituels très simples et faciles à réaliser pour vous aider à vous lancer. N'hésitez pas à les transformer pour vous les approprier !

N'oubliez pas de faire preuve de prudence et de jugeote avant de vous lancer dans quoi que ce soit de concret, de bien réfléchir à vos intentions et de vous retenir au maximum d'agir quand vous êtes submergé(e) d'émotions négatives. La pratique de la sorcellerie est une affaire sérieuse qui nécessite d'être traitée avec respect et pondération. Ce n'est pas un jeu, ce n'est pas une blague et ce n'est pas non plus un costume qu'on enfile pour s'amuser avant de le jeter pour passer à la mode suivante.

Si c'est quelque chose qui vous parle vraiment, qui semble raisonner en vous comme aucun autre concept, qui vous attire, qui vous guide, et dont l'appel vous semble irrésistible, alors répondez. Mais allez-y à votre rythme, n'ayez pas peur de perdre votre temps, l'univers sera toujours là pour vous répondre demain, après-demain ou l'année prochaine. Ne négligez pas la phase d'apprentissage théorique et de recherche, renseignez-vous, apprenez, posez des questions, remettez tout ce que vous lisez et entendez en doute – oui, même ce que je vous dis, moi ! Personne n'a la science infuse, personne n'est le gardien de la vérité absolue, surtout dans ce domaine, alors ne mettez pas tous vos œufs dans le même panier et partez en exploration !

Apprendre, c'est aussi élargir le champ de son ignorance. Plus on en découvre, plus on se rend compte tout ce qu'on ne sait pas encore, et qu'on ne saura peut-être jamais. C'est pour ça qu'il est important de rester humble et de se rappeler que nous ne sommes qu'un petit grain de sable dans un immense désert. Nous faisons partie d'un tout, qui serait légèrement différent sans nous mais qui s'en sortira très bien quand on ne sera plus là. Méfiez-vous de ceux qui se placent au-dessus des autres, qui écrasent pour dominer et qui tentent de vous convaincre que leur voie est la bonne, la seule, l'unique. Vos possibilités sont infinies, profitez-en, et nourrissez-vous de tout ce qui vous entoure !

Prenez bien soin de vous et de votre entourage. Et surtout : amusez-vous !

PROTECTION

CORRESPONDANCES

COULEURS Blanc, bleu, noir.

CRISTAUX ET MINÉRAUX Ambre, améthyste, angélite, aventurine, citrine, œil-de-tigre, grenat, obsidienne, onyx, turquoise.

DIVERS Coquilles d'œuf, poudre de brique, sel, terre.

ENCENS Basilic, citronnelle, eucalyptus, lavande, lotus.

HERBES ET PLANTES Ail, angélique, anis, basilic, bruyère, chèvrefeuille, clous de girofle, cumin, fenouil, feuilles de framboisier, fougère, géranium, jasmin, lavande, lierre, menthe, oignon, pin, pissenlit, poivre noir, romarin, sauge, thym.

JOURS DE LA SEMAINE Dimanche, lundi.

MOIS Janvier.

PHASES DE LA LUNE Décroissante, pleine lune.

PLANÈTES Jupiter, lune, soleil.

Pour purifier un nouveau foyer

Lorsqu'on emménage dans un nouvel appartement ou une nouvelle maison, on se retrouve rarement sur un territoire neutre et il y a de grandes chances pour que l'endroit ait été habité avant – et quand bien même on aurait tout construit de A à Z, le terrain, lui, en a sûrement vu passer d'autres... Nous peuplons la Terre depuis si longtemps qu'il est très difficile de trouver un endroit qui n'ait pas été touché par une autre âme auparavant. Et concernant les habitations, les gens ne font que se succéder de siècle en siècle entre les mêmes murs, avec quelques changements en cours de route pour des raisons de salubrité.

Une fois vos cartons posés dans votre nouveau domicile, il peut être bénéfique de signaler à l'endroit que vous en serez désormais le nouvel habitant et d'ajouter votre signature énergétique à toutes celles des gens qui vous auront précédé. Sans tomber dans les clichés de lieux hantés par les spectres des gens qui y sont morts, il est logique de penser qu'un lieu est imprégné des énergies laissées par ceux qui y sont passés. Ces énergies peuvent être très positives si les gens ont été heureux ou très négatives, mais aussi mixtes parce qu'on passe par un sacré éventail d'émotions dans un foyer, surtout quand on y passe du temps. Il est donc important de tenter de « nettoyer » un peu les lieux avant de vous y poser et d'ajouter votre signature personnelle pour éviter d'être parasité par des émotions et des ondes qui ne sont pas les vôtres et qui viendraient perturber votre quotidien.

Dans un premier temps, vous n'aurez besoin que d'un torchon.

Dans chaque pièce de votre nouveau logement, battez les murs à coups de torchon pour les débarrasser des énergies qui s'y accrochent et leur signaler votre arrivée. N'hésitez pas à parler en le faisant, à verbaliser votre entrée et votre intention, à signaler votre présence et le changement de propriétaire. Pensez à ce qui se décroche des murs à chaque coup, un peu comme si vous battiez un tapis.

Ensuite, faites brûler un peu de sauge sous la forme qui vous arrange le plus – soit en bâton après avoir relié un petit fagot de tiges et de feuilles avec de la ficelle, soit des feuilles en vrac brûlées dans un récipient qui ne craint pas le feu, soit sous forme d'encens, à vous de choisir – et parcourez chaque pièce en passant la fumée qui se dégage de la sauge dans chaque recoin. Là encore, verbalisez si besoin, pensez à tout ce que cette fumée va emporter avec elle – c'est un peu comme quand des exterminateurs lâchent des fumigènes dans un logement, mais en moins toxique.

N'hésitez pas à bien aérer lorsque vous faites tout ça, pour faciliter la circulation des énergies et pour ne pas finir enfumé au passage. Notez bien que la sauge a une odeur très forte, ce qui peut surprendre la première fois, mais ceux qui l'aiment s'y habituent tellement qu'ils en font brûler même quand il n'y en a pas besoin – oui, je parle complètement de moi.

Purifiant pour les sols

Cette méthode peut être utilisée pour purifier un nouveau logement, et également pour lui redonner un petit coup de frais de temps en temps une fois que vous l'aurez investi.

Faites bouillir de l'eau dans laquelle vous plongerez ensuite du basilic, du romarin et des aiguilles de pin. Laissez infuser à feu doux, puis passez le mélange à la passoire et mélangez le liquide obtenu à votre bassine d'eau avec trois cuillères à soupe de vinaigre d'alcool. Plongez-y votre serpillière et c'est parti ! Si vous avez peur de tacher votre sol ou que vous n'avez pas d'herbes fraîches à disposition, remplacez-les par les huiles essentielles qui leur correspondent.

À noter que cette recette est évidemment modifiable à volonté, selon vos parfums préférés et votre intention. Si vous voulez ouvrir votre logement à l'amour et au bonheur par exemple, vous pourrez remplacer le basilic, le romarin et le pin par de la lavande, du patchouli et de la mélisse.

Charme de protection du domicile

Sans un bocal ou, mieux encore, dans une boule de Noël vide que vous pourrez accrocher près de votre porte, rassemblez les éléments suivants :

Ail.
Cannelle.
Épines de pin.
Origan.
Pétales de rose.
Romarin.
Sel.
Sucre.

Tout simple à faire et pas moche à voir, ce charme permettra de protéger un peu plus votre domicile et tous ceux qui y entrent.

POUDRE DE BANNISSEMENT

Dans votre mortier, mélangez les éléments suivants :

Aiguilles de pin.
Ail.
Cannelle.
Clous de girofle.
Cumin.
Ortie.
Piment de Cayenne.
Poivre noir.
Sel.
Thym.

Broyez le tout jusqu'à obtenir une poudre homogène et versez le mélange dans un récipient fermé et étiqueté.

Pour se laver de toute négativité et se protéger.

Une recette toute simple pour se protéger des ondes négatives et se créer une petite armure naturelle quand on se sent un poil attaqué.

Matériel :

Une casserole pleine d'eau.
Une bonne poignée de feuilles de basilic.
Une passoire.
Un carré de tissu (mouchoir, torchon...).

Jetez votre poignée de feuilles de basilic dans une casserole d'eau et portez le tout à ébullition.

Laissez un peu infuser, puis passez le mélange à la passoire pour retirer les feuilles. Laissez l'eau refroidir suffisamment pour ne pas vous brûler, puis plongez-y votre carré de tissu, essorez-le et passez-le sur tout votre corps.

Jetez l'eau qui reste ensuite sur le seuil de votre porte (ou votre immeuble) pour éloigner toute négativité de votre environnement personnel.

Poudre de protection

Dans votre mortier, mélangez les éléments suivants :

Basilic.
Cannelle.
Coquilles d'œuf.
Laurier.
Lavande.
Sauge.
Sel.
Valériane.

Broyez le tout jusqu'à obtenir une poudre homogène et versez le mélange dans un récipient fermé et étiqueté.

Pour protéger son animal de compagnie

Matériel et ingrédients :

Une bougie noire (protection).
Un petit bol d'eau.
Du sel (noir, de préférence).
Une photo de votre animal ou quelques poils de sa fourrure.

Placez tous ces éléments devant vous, avec la bougie posée à côté des poils ou de la photo de votre animal – en faisant toujours attention à la flamme. Prenez un instant pour vous centrer, vous ancrer dans votre rituel, et visualisez votre but.

Allumez la bougie.

Prenez de grandes inspirations et pensez fort à votre animal et à sa santé en plaçant vos mains au-dessus du bol.

Récitez l'incantation suivante en mettant une pincée de sel dans l'eau après chaque phrase :

[Nom de votre animal] est protégé,
rien de mauvais ne pourra lui arriver,
sa vie sera longue et heureuse,
sa santé stable et vigoureuse.

Gardez un doigt dans l'eau et posez les doigts de l'autre main sur la photo ou sur les poils de l'animal. Répétez l'incantation.

Si votre animal est dans le coin, déposez une goutte de cette eau sur son front.

Si vous le pouvez, laissez la bougie se consumer en entier. Si vous devez l'éteindre, mouillez vos doigts et éteignez la mèche avec ou utilisez un éteignoir si vous en avez un.

Dites quelques mots de remerciements, et videz l'eau dehors si vous le pouvez ou dans votre évier.

Amulette pour animal de compagnie

Si votre animal porte un collier, vous pouvez aussi lui confectionner une amulette qu'il portera sur lui en permanence pour assurer une protection continue.

Pour créer une amulette de protection pour votre animal, voici comment procéder.

Matériel et ingrédients :

Un pendentif qui sera ensuite accroché à son collier.
Du sel.
Une bougie noire (protection).
De la sauge.
Du basilic.
Du romarin.
De l'eucalyptus.
De la lavande.
Un petit bol d'eau.

Allumez la bougie.

Placez l'amulette dans le bol d'eau.

Prenez de grandes inspirations et pensez fort à votre animal et à sa santé en plaçant vos mains au-dessus du bol.

Récitez l'incantation de protection du rituel précédent tout en mettant une pincée de sel et quelques herbes dans l'eau après chaque phrase. Répétez-la autant de fois que nécessaire jusqu'à ce que tous vos ingrédients soient dans le bol :

[Nom de votre animal] est protégé,
rien de mauvais ne pourra lui arriver,
sa vie sera longue et heureuse,
sa santé stable et vigoureuse.

Posez un doigt sur l'amulette toujours immergée et répétez l'incantation en visualisant votre but.

Sortez l'amulette de l'eau et posez-la près de la bougie le temps qu'elle sèche.

Une fois l'amulette sèche et la bougie consumée entièrement, vous pouvez accrocher le pendentif au collier de votre animal.

Si vous devez éteindre la bougie, même recommandation que précédemment, mouillez vos doigts et éteignez la mèche ou utilisez un éteignoir si vous en avez un.

Dites quelques mots de remerciements, et videz l'eau dehors si vous le pouvez ou dans votre évier.

BOUTEILLE DE SORCIÈRE

Si traditionnellement cette bouteille a longtemps été utilisée pour se protéger contre les sorcières, elle n'en reste pas moins une option efficace pour éviter d'inviter les énergies négatives dans son foyer et accessoirement se protéger des mauvais sorts. Cette méthode est une version modernisée qui vous évitera d'avoir recours aux us de l'ancien temps, qui nécessitaient bien souvent de remplir la bouteille de sa propre urine. Après, si vous voulez la jouer 100% tradition, allez-y, hein, c'est votre droit.

Dans un bocal ou une bouteille en verre qui ferme bien, rassemblez les éléments suivants après avoir enfilé une paire de gants en caoutchouc :

Des objets tranchants et rouillés de type gros clous de charpentier tordus, lames de rasoirs ou punaises – en faisant, bien évidemment, TRÈS attention quand vous les manipulez. Vous pouvez aussi mettre des éclats de verre ou de miroir, avec prudence.

Du gros sel.

Une mèche de vos cheveux.

Du romarin.

Une fois que vous avez réuni ces éléments, recouvrez le tout d'eau, de vinaigre, de vin rouge ou, comme je l'ai dit plus haut, de votre propre urine. Si vous préférez les autres options, essayez d'ajouter un peu de votre salive ou de sang – sans vous mutiler non plus, le sang menstruel est une bonne option si vous avez vos règles, par exemple – pour bien vous lier à la bouteille. Ça servira de leurre pour tromper les mauvais sorts et les énergies négatives qui seront attirés vers la bouteille, et les objets tranchants serviront à les dévier et les briser.

Assurez-vous que la bouteille est bien fermée et scellez le bouchon avec la cire d'une bougie noire.

Si vous le pouvez, enterrez la bouteille près de votre foyer, sinon vous pouvez la cacher dans un endroit où on ne la verra pas et où il ne lui arrivera rien. Si vous vivez en appartement, vous pouvez la cacher dans un pot de fleurs. Tant que la bouteille sera intacte, vous serez protégé(e).

DAGYDE

Un peu semblable à la bouteille de sorcière, la dagyde aura pour fonction de dévier toutes les saletés qu'on pourrait envoyer dans votre direction pour les emprisonner dans une effigie.

Matériel et ingrédients :

Un grand carré de tissu rouge, blanc ou noir.
Du fil et une aiguille (ou une machine à coudre si vous êtes super équipé).
Une mèche de cheveux, des rognures d'ongles ou un peu de votre salive.
De quoi remplir la dagyde (coton, paille, chutes de tissu…).
Un aimant.
Un bocal.
Du gros sel.
De la sauge.
Du laurier.
Du romarin.
De la camomille.

Découpez deux bouts de tissu en forme de petits bonshommes, comme on faisait en maternelle. Cousez les deux parties ensemble en laissant une ouverture au niveau de la tête. Commencez à remplir votre dagyde :

mettez d'abord un peu de fourrage pour que le reste ne se retrouve pas tout en bas, puis ajoutez votre ingrédient secret personnel (cheveux, ongles...) et l'aimant. Ajoutez vos herbes en pensant bien fort à leur fonction : vous protéger, et retourner les énergies négatives à l'envoyeur.

Ajoutez le fourrage restant et finissez de coudre la dagyde pour la fermer.

Remplissez ensuite le fond de votre bocal avec du gros sel. Plantez la dagyde debout dedans en ne couvrant que les pieds pour que les ingrédients secrets qu'elle contient ne soient pas complètement enterrés.

Refermez le bocal et placez votre dagyde dans un coin sécurisé de votre domicile, là où elle ne sera ni démasquée ni dérangée.

Pour briser un sort

Il peut arriver que vous ayez besoin de briser un sort que vous avez lancé ou que quelqu'un a lancé à votre encontre. Si certains sorts puissants ont besoin de contre-sorts avec un peu plus de patate, en voici un assez simple pour commencer, que vous pourrez décliner pour lui donner un peu plus de puissance si besoin.

Matériel et ingrédients :

Un bol.
De l'eau claire (voire consacrée).
Une bougie noire.

Fixez la bougie au fond du bol en chauffant un peu son extrémité pour faire couler de la cire et la planter debout sans qu'elle ne tombe. Vous pouvez aussi graver un symbole ou un mot pour évoquer le sort que vous souhaitez briser, si ça vous semble cohérent.

Remplissez votre bol d'eau claire en laissant une bonne moitié de la bougie émergée – et sans mouiller la mèche, bien évidemment. Prenez un moment pour visualiser votre objectif, le sort lancé, et les effets que vous souhaitez voir disparaître.

Une fois que vous vous sentez prêt(e), allumez la bougie. La flamme consumera petit à petit les restes du sort et lorsque la mèche atteindra l'eau et qu'elle s'éteindra, le sort prendra fin. Videz l'eau dans l'évier ou les toilettes, mettez la bougie à la poubelle et nettoyez bien votre bol pour ne pas garder de restes chez vous.

SACHET POUR UN FOYER HEUREUX

Pour que votre domicile soit un lieu de vie positif et sécurisant.

Matériel et ingrédients :

Un sachet en tissu ou en toile (bleu, de préférence).
Quelques cheveux de tous les habitants du foyer que vous souhaitez protéger.
Un morceau de quartz rose et/ou d'améthyste.
De la racine d'angélique.
De la lavande.
Des fleurs de camomille.
Des pétales de rose.
Une pincée de sucre.
Du bois de cèdre.
De la ficelle ou de la corde bleue.

Placez tous les éléments dans le sachet, un par un, en vous concentrant sur les propriétés de chaque ingrédient. Fermez le sachet à l'aide de la corde bleue et accrochez le tout à un endroit stratégique de votre foyer – sur ou au-dessus de la porte d'entrée par exemple.

AMOUR

UN MOT SUR LE LIBRE ARBITRE

Quand on pense aux sorts liés à l'amour, on s'imagine tout de suite une sorcière versant quelques gouttes d'un philtre dans la coupe de sa cible dans le but de s'attirer ses faveurs. Sauf que depuis, on a évolué et on fait attention à un détail légèrement important dans tous les rapports humains : le consentement.

L'idée de jouer sur les sentiments d'une personne a tendance à mettre mal à l'aise et à juste titre. Si une personne n'est pas attirée par vous, malgré toutes vos parades et tentatives, et que vous faites appel à la magie pour tenter d'inverser la balance, ça rend la manœuvre assez malhonnête. Lorsqu'un sort ou un rituel a pour cible une autre personne, particulièrement quelqu'un qui n'est pas du tout au courant de la démarche, on essaye de garder une chose importante en tête : le libre arbitre de l'individu ciblé. Un sort d'amour, lorsqu'il est pratiqué, sera toujours fait dans le but de faciliter une connexion qui a du mal à prendre pour une raison X ou Y, mais le résultat devra toujours être basé sur le principe du libre arbitre. C'est-à-dire que ça ne fonctionnera que si la personne en question avait déjà une attirance pour vous ou en aurait développé une au fil du temps. Ça ne fera pas tomber une personne dans vos bras si elle n'en a jamais eu l'envie, ni l'intention.

On utilise la magie comme une huile sur une porte qui grince : pour que ça coulisse mieux, que les rapports soient plus fluides et que l'univers nous offre l'opportunité dont on avait besoin pour que cette connexion se fasse. Mais toujours en respectant le consentement de toutes les personnes impliquées. L'idée de baser une relation – qu'elle soit purement sexuelle ou qu'il y ait des sentiments – sur un envoûtement en dépit des inclinaisons naturelles de l'autre personne a quelque chose de malsain et de peu reluisant. On risquerait de passer toute la relation à se demander si les sentiments sont effectivement sincères ou si la personne est juste sous l'emprise d'un charme qui peut se briser d'un instant à l'autre. On ne force pas les gens à avoir des rapports sexuels, ni à entrer dans une relation dont ils ne veulent pas, c'est un principe humain de base qu'on se doit de respecter au quotidien, et ça vaut aussi pour la sorcellerie.

On peut en revanche ouvrir quelques portes en plus, se rendre soi-même plus ouvert et plus disponible, plus visible de l'autre et installer un climat plus fertile. Mais rien ne se fera sans le consentement de l'autre.

Et évidemment, cela est valable pour tous les autres sorts qui ont pour cible des gens qui ne sont pas au courant. Lorsqu'on agit sur la vie de quelqu'un ou sur sa relation avec cette personne, il faut toujours garder en tête que nous ne travaillons pas sur un personnage en pâte à modeler mais bien sur un être humain, avec sa propre volonté, et il faut toujours laisser la place à une autre voie. On peut lancer un rituel avec une intention en tête tout en se répétant que ça ne doit se faire que si l'autre le veut aussi, et qu'on acceptera l'issue du sort quoi qu'il arrive. On peut tenter de réparer une amitié avec un acte magique, seulement si l'autre n'en a absolument pas envie, ou n'est pas prêt, ça risque de capoter. Il ne faut jamais minimiser sa part de responsabilité et jouer avec la vie des gens sans se soucier de leurs émotions.

CORRESPONDANCES AMOUR

COULEURS Bleu, rose, rouge, vert.

CRISTAUX ET MINÉRAUX Agate, ambre, grenat, lapis-lazuli, perle, pierre de lune, quartz rose.

ENCENS Cannelle, lavande, patchouli, rose, santal.

JOUR DE LA SEMAINE Vendredi.

HERBES ET PLANTES Baies de genévrier, basilic, camomille, cannelle, cardamome, clous de girofle, coriandre, gingembre, hibiscus, jasmin, lavande, lierre, menthe, noix de muscade, pissenlit, romarin, rose, thym, vanille, verveine.

HUILE ESSENTIELLE Jasmin.

PHASES DE LA LUNE Nouvelle lune, pleine lune.

PLANÈTE Vénus.

POUR ATTIRER L'AMOUR

Plutôt que de jeter un sort sur une cible humaine et risquer de jouer avec son libre arbitre, vous pouvez prendre le problème à l'envers et vous concentrer sur vous-même. En faisant comprendre à l'univers que vous êtes prêt(e) à vous ouvrir à l'amour, à une nouvelle relation, à la séduction de quelqu'un d'autre – qui vous attire –, etc., vous multiplierez vos chances d'inclure la personne qui fait déjà battre votre cœur dans le lot. Si cette personne doit bel et bien s'allier à vous, alors ça lui ouvrira la porte. Mais si vous n'êtes pas faits pour être ensemble, ce sera quelqu'un d'autre – inutile de chercher à forcer les choses, ce n'est tout simplement pas ce qu'il vous fallait.

Matériel et ingrédients :

Une bougie rose.
Un outil pour graver la bougie.
De l'huile essentielle de jasmin (ou d'huile de séduction).
Des pétales de rose.

Un bol rempli d'eau.

Dans un premier temps, préparez votre bougie en l'enduisant d'huile essentielle de jasmin et en gravant un cœur – ou tout autre symbole lié à l'amour à vos yeux – dessus.

Posez la bougie devant le bol d'eau et allumez-la. Prenez un instant pour visualiser votre intention, pour vous ouvrir aux rencontres, vous rendre abordable et disponible pour votre cible potentielle. Laissez-vous porter par vos rêves et vos fantasmes, provoquez des battements d'ailes de papillon dans votre ventre, enveloppez-vous de chaleur.

Mettez quelques gouttes d'huile essentielle de jasmin dans l'eau. Puis placez-y les pétales de rose et faites-les tourner avec votre doigt dans le sens des aiguilles d'une montre. Fermez les yeux et répétez l'affirmation : « Je suis prêt(e), je suis ouvert(e) » en continuant à tourner.

Sortez votre doigt de l'eau et, sans le sécher, utilisez-le pour faire des mouvements circulaires sur votre poitrine, au niveau de votre cœur, comme si vous dessiniez un cercle. Sentez cette chaleur entrer dans votre cœur et l'ouvrir de plus en plus. Quand vous sentez que l'ouverture est faite, éteignez votre bougie et videz l'eau avec les pétales dehors ou dans un pot de fleurs. Le vent se chargera de sécher et de porter les pétales pour étendre votre influence.

Poudre d'attraction

Réduisez les ingrédients suivant en poudre à l'aide de votre mortier et gardez le tout dans une petite fiole que vous conserverez sur vous, ou saupoudrez-en le seuil de votre porte et le tour de votre lit :

Lavande.
Pétales de rose.
Sucre.
Cannelle.
Noix de Muscade.
Fleurs de jasmin (optionnel).

Huile de séduction

Sans un flacon rempli aux trois quarts d'huile neutre, ajoutez les huiles essentielles suivantes :

10 gouttes de rose.
5 gouttes d'ylang-ylang.
5 gouttes de jasmin.
1 ou 2 gouttes d'orange.
Optionnel : ajoutez une graine de cardamome écrasée (sans la cosse).

Après avoir vérifié que vous n'êtes allergique à aucun des éléments, préparez cette huile puis placez-en quelques gouttes derrière vos oreilles, sous l'aisselle gauche, sur l'intérieur de vos cuisses et sur la nuque avant de sortir ou de voir la personne qui fait battre votre cœur.

Booster de charisme

Pour les jours où on a besoin d'un petit plus pour faire tourner des têtes.

Matériel et ingrédients :

Un pendentif ou un bijou que vous pouvez porter facilement.
Un morceau de quartz rose.
De la lavande.
De la cannelle.
Du basilic.
Des pétales de rose.
Du piment rouge (en poudre ou en flocons).
Quelques poils de chat (optionnel).
Une bougie rose ou rouge.
Votre mortier.
Une petite boîte ou un petit sachet qui ferme.

Allumez votre bougie.

Dans votre mortier, réduisez les herbes en poudre. Ajoutez-y les poils de chat si vous en utilisez.

Placez votre bijou dans le mortier et recouvrez-le avec la poudre, quitte à le rouler dedans pour qu'il en soit bien enduit. Faites très attention à ne pas toucher vos yeux sans vous être bien lavé les mains avant, parce que le piment risque de vous faire passer un sale quart d'heure.

En gardant deux doigts sur le bijou, fermez les yeux et visualisez votre objectif. Imaginez une aura de charisme et de séduction vous envelopper, visualisez-vous sans stress, sans timidité, sans peur aucune.

Placez ensuite la poudre, le bijou et le quartz dans votre boîte ou votre sachet. Laissez la bougie se consumer à côté – en la surveillant toujours. Laissez charger au moins une nuit, encore mieux si c'est la pleine lune.

Portez ce bijou dès que vous aurez besoin d'un peu d'aide et replacez-le dans son contenant avec le reste des ingrédients pour le recharger entre chaque utilisation. Si vous sentez son effet diminuer, recommencez le rituel.

SACHET POUR ATTIRER L'AMOUR

Un petit sachet à garder sur vous dans vos déplacements pour attirer l'amour.

Matériel et ingrédients :

Un sachet rouge.
Des boutons de rose.
Un petit bâton de cannelle.
Un ou deux glands.
Un de vos colliers, en or, de préférence.
Une pièce de monnaie.
Des fleurs d'oranger ou de l'huile essentielle de fleurs d'oranger.

Rassemblez tous les éléments dans le sachet, un par un, en visualisant votre objectif. Mettez les fleurs d'oranger en dernier. Scellez votre sachet par un baiser en humant le contenu. Fermez-le et glissez-le dans votre poche.

CHANCE ET PROSPÉRITÉ

CORRESPONDANCES CHANCE

COULEURS Argent, bleu, or, vert.

CRISTAUX ET MINÉRAUX Agate, aventurine, citrine, opale, quartz rose, tourmaline.

ENCENS Jasmin.

FRUITS ET LÉGUMES Banane, datte, figue, fraise, grenade, kaki, noix et noisettes, noix de coco, orange, poire, pomme de terre.

HERBES ET PLANTES Aneth, anis, basilic, camomille, camphre, cannelle, cèdre, chêne, clou de girofle, cyprès, érable, fenouil, frêne, laurier, lavande, lotus, marronnier, menthe, origan, patchouli, persil, pissenlit, romarin, rose, thym, tilleul, trèfle.

JOUR DE LA SEMAINE Jeudi.

MOIS Avril.

PHASES DE LA LUNE Croissante, premier quartier.

PLANÈTE Jupiter.

CORRESPONDANCES PROSPÉRITÉ

COULEURS Jaune, or, vert.

CRISTAUX ET MINÉRAUX Aventurine verte, citrine, jade, pyrite.

ENCENS Cannelle, menthe, patchouli, sauge.

HERBES ET PLANTES Amande, basilic, cannelle, laurier, thym.

JOURS DE LA SEMAINE Jeudi, dimanche.

MOIS Janvier.

PHASES DE LA LUNE Croissante, pleine lune.

PLANÈTES Jupiter, Pluton.

UNE FEUILLE DE LAURIER POUR UN SOUHAIT

Un petit sort tout simple pour faire un vœu, à réaliser de préférence en extérieur ou au moins sur le rebord d'une fenêtre.

Matériel et ingrédients :

Un stylo.
Une bougie (blanche ou de la couleur associée à votre souhait).
Une feuille de laurier.

Allumez votre bougie.

Écrivez votre souhait sur la feuille de laurier – en un mot-clé, prospérité, guérison, pardon, etc. ou un symbole.

Concentrez-vous sur votre souhait. Visualisez sa réalisation, pensez fort à ce que ça changerait pour vous et comment vous aimeriez qu'il se manifeste.

Brûlez la feuille à la flamme de la bougie.

Laissez la cendre se répandre dans le vent, visualisez l'univers se charger de le transporter, le prendre entre ses mains et s'occuper du reste.

Éteignez la bougie ou laissez-la se consumer jusqu'au bout.

Variante : après avoir écrit votre souhait sur la feuille de laurier, glissez-la dans une petite enveloppe et enterrez-la près de vous – dans votre jardin, dans un espace vert à proximité ou même dans une jardinière accrochée à votre fenêtre. Une fois que votre souhait s'est réalisé, déterrez l'enveloppe et brûlez-la, sans oublier de faire preuve de gratitude.

Poudre de souhait.
Dans votre mortier, mélangez les éléments suivants :
Bois de santal.
Cannelle.
Clous de girofle.
Pissenlit.
Romarin.

Transférez la poudre obtenue dans un flacon bien hermétique.

Pour l'utiliser, rien de plus simple : mettez-en une pincée dans la paume de votre main, mettez-vous dehors – ou à la fenêtre –, formulez votre souhait et soufflez. La poudre se répandra dans l'air et portera votre souhait avec elle. J'aime bien ajouter une pincée de paillettes au mélange final pour l'effet visuel, de préférence de la couleur correspondant à mon souhait, mais rien ne vous oblige à le faire.

CHARMES ET PORTE-BONHEUR

Voici quelques objets à glisser dans votre poche ou votre sac lorsque vous avez besoin d'un petit coup de pouce côté chance :

Un marron.
Une graine d'anis étoilé.
Une baie de genièvre.
Un morceau d'ananas séché.
Un gland.
Un bâton de cannelle.
Un trèfle à quatre feuilles.
Un dé.
Une pièce de monnaie.
Un sachet porte-bonheur.
Dans un sachet vert ou doré, rassemblez les éléments suivants :
Du sel vert (voir instructions p. 133).
Une pincée de thym.
Une pincée de fleurs de camomille.

Une pincée de romarin.
Une pincée de persil.
Quelques morceaux d'écorce d'orange séchée.
Une graine d'anis étoilé.
Un morceau de citrine.

Concentrez-vous sur votre intention et reformulez-la à chaque fois que vous ajoutez un nouvel ingrédient au sachet. Vous pouvez trouver une formule brève et rapide – de type « la chance me sourit » – et la répéter à chaque étape en visualisant ce que serait votre vie si ce sort fonctionne comme prévu.

Gardez le sachet près de vous aussi souvent que possible – dans votre sac ou dans la poche de votre manteau par exemple.

Vœu d'anniversaire

Pour capitaliser à fond sur la tradition du vœu que l'on formule en soufflant ses bougies d'anniversaire, autant en faire un rituel complet.

Matériel et ingrédients :

Une bougie blanche.
Du papier.
De quoi écrire.
Un pot rempli de terre.
Des graines à semer.

Le jour de votre anniversaire, à l'heure de votre naissance si c'est possible, rassemblez tous les éléments devant vous et allumez la bougie.

Sur un petit bout de papier, écrivez votre vœu – en le formulant toujours à l'affirmatif – et concentrez-vous un instant sur ce dernier. Visualisez-le en train de se réaliser, ce que ça changerait à votre vie, comment vous vous sentiriez, etc.

Pliez le papier et placez-le, selon ce que vous préférez, au fond du pot ou en dessous. Remplissez le pot de terre, plantez les graines et demandez à la terre d'accueillir votre souhait.

Laissez la bougie se consumer près du pot, puis n'oubliez pas d'en prendre grand soin quotidiennement.

Votre vœu devrait se réaliser en même temps que les graines germeront.

SACHET DE PROSPÉRITÉ

Un sachet à garder sur vous pour attirer les rentrées d'argent.

Matériel et ingrédients :

Un sachet vert.
Des clous de girofle.
Une feuille de laurier.
Deux ou trois pièces de monnaie.
Un bâton de cannelle.
Du basilic.
De la menthe.
Un cristal vert.
Quelques-uns de vos cheveux.

Rassemblez un à un les éléments dans le sachet en pensant à votre compte en banque qui se remplit – ne visez pas le million en une semaine non plus, soyez réaliste – et à tout ce que vous pourriez acheter si vous n'étiez pas limité. Pensez à votre confort financier, à une vie sans crainte du découvert, aux factures qui se règlent à temps, aux sorties qu'on ne refuse plus par manque de moyen, etc. Fermez le sachet et glissez-le dans votre sac.

POUDRE DE FORTUNE

Ingrédients :

Basilic.
Cannelle.
Aiguilles de pin.
Menthe.
Clous de girofle.

Réduisez tous les ingrédients en une poudre homogène dans votre mortier puis mettez-la dans un petit flacon. Elle vous servira dans vos rituels de prospérité et pourra également être saupoudrée sur votre autel ou directement dans votre porte-monnaie pour attirer plus d'argent.

BIEN-ÊTRE ET SANTÉ

Pour cette section, il me semble utile de rappeler une fois de plus que rien de tout ça ne remplace un traitement ou un suivi médical ou psychologique si c'est ce dont vous avez besoin. C'est du bonus, une option supplémentaire, mais n'oubliez pas que la médecine moderne est quand même très avancée et assez bien faite et qu'il serait dommage de ne pas en profiter. Prenez vos médicaments en plus de vos sorts et de vos rituels. Mettez toutes les chances de votre côté !

CORRESPONDANCES

COULEURS Bleu, noir, or, rose, vert.

CRISTAUX ET MINÉRAUX Agate, amazonite, ambre, améthyste, angélite, aventurine, citrine, émeraude, grenat, hématite, jade, jaspe, œil-de-tigre, perle, pyrite, quartz rose, tourmaline.

HERBES ET PLANTES Ail, bouleau, cannelle, cèdre, chêne, citron, dahlia, érable, eucalyptus, fenouil, géranium, gingembre, lavande, lierre, magnolia, mandragore, marjolaine, menthe, muguet, ortie, pin, pomme, romarin, rose, santal, thym, tournesol, trèfle, vanille, verveine.

JOUR DE LA SEMAINE Vendredi.

PHASE DE LA LUNE Nouvelle lune.

PLANÈTES Jupiter, Vénus.

AMULETTE DE GUÉRISON

Pour ce sort, on remonte loin dans le temps pour emprunter la méthode de Serenus Sammonicus, érudit romain ayant vécu entre le IIe et le IIIe siècle. Il a utilisé la fameuse formule « abracadabra » pour créer un talisman de guérison en l'écrivant sous la forme d'un cône inversé.

ABRACADABRA

ABRACADABR

ABRACADAB

ABRACADA

ABRACAD

ABRACA

ABRAC

ABRA

ABR

AB

A

Cette inscription se porte autour du cou sur une amulette ou un pendentif, comme ceux censés cacher une photo de l'être aimé ou en forme de boule en métal forgé qui peuvent contenir des cristaux.

Si la formule « ABRACADABRA » ne vous parle pas, vous pouvez soit la remplacer par la vôtre, soit écrire plus concrètement le problème à régler / l'objectif à atteindre en un mot de la même façon. Pliez votre petit papier et glissez-le dans votre pendentif que vous porterez ensuite autour du cou pour l'activer et profiter de ses effets.

LE GOMMAGE DE VÉNUS

Parce que la magie passe aussi par les petits rituels de bien-être et de beauté, et que c'est toujours super agréable de créer ses propres produits et de prendre le temps de s'occuper de soi, vous pouvez commencer par une recette toute simple : le gommage maison ! Facile et rapide à faire, avec des ingrédients que vous avez certainement dans vos placards, c'est une excellente façon d'allier l'utile à l'agréable, de passer un bon moment et de se reconnecter avec son corps en lui donnant tout l'amour qu'il mérite.

En plus de laisser votre peau toute douce et débarrassée de ses impuretés, il symbolisera le renouveau, la mue, l'exfoliation de toutes les énergies négatives qui vous collent à la peau.

Petit bonus : faites ça le vendredi, jour de Vénus !

Option n°1 : Huile de coco et sucre roux

Dans un petit bol, mettez une grosse cuillère à soupe d'huile de coco et saupoudrez le tout de sucre roux. Mélangez jusqu'à obtenir une pâte homogène, puis appliquez-la sur votre peau après l'avoir nettoyée en massant de façon circulaire. Rincez et appréciez le résultat !

Option n°2 : Gros sel et huile d'olive

Dans un bol, versez environ 50 g de sel et recouvrez le tout de 10 cl d'huile d'olive. Ajoutez quelques gouttes de l'huile essentielle de votre choix en faisant bien attention à ce qu'elle ne soit pas nocive pour votre peau. Mélangez jusqu'à obtenir une pâte homogène et massez doucement votre corps en prenant bien le temps de la faire pénétrer. Lavez au savon doux et rincez à l'eau tiède.

Lorsque vous effectuez le gommage, prenez votre temps, savourez chaque instant, et visualisez toutes les impuretés physiques et psychiques quitter votre enveloppe et disparaître avec le gommage et l'eau claire qui vous rincera ensuite. Respirez à fond, faites-en un vrai moment de détente et de plaisir !

LE BAIN DE VÉNUS

Que vous ayez besoin de séduire quelqu'un ou de vous séduire vous-même, rien de tel qu'un bon bain rituel avec un coup de pouce de Vénus pour renouer avec son amour de soi et son pouvoir de séduction.

Préparez ce mélange à l'avance pour pouvoir l'ajouter à l'eau de votre bain facilement. Assurez-vous, comme toujours, qu'aucun ingrédient ne risque de nuire à votre santé ou à votre peau.

Ingrédients secs :

Des pétales ou des boutons de rose.
Des fleurs d'hibiscus séchées.
Du sel rose de l'Himalaya.

Ingrédients à ajouter au moment du bain :

Quelques gouttes d'huile essentielle de lavande.
Quelques gouttes d'huile essentielle de jasmin.
Une bougie rose.
Une bougie rouge.

Faites couler l'eau de votre bain. Quand la baignoire est remplie, ajoutez tous vos ingrédients. Posez les bougies à proximité et allumez-les avant d'entrer dans l'eau. Faites attention à ne pas les mettre en équilibre ou près d'objets qui craignent le feu – vous y compris. La sécurité avant tout !

Vous pouvez également faire brûler de la sauge ou de l'encens pour ajouter un plus à l'ambiance et pour bien purifier votre espace et votre corps.

HUILE DE GUÉRISON

Sans un flacon rempli aux trois quarts d'huiles neutres – jojoba, amande, avocat... –, ajoutez les huiles essentielles suivantes :

5 gouttes de lavande.
5 gouttes de romarin.
5 gouttes d'eucalyptus.
5 gouttes de sauge.

Fermez le flacon et agitez pour bien mélanger.

Préférez un flacon à pipette ou à bille pour une utilisation plus facile !

Appliquez ensuite sur les zones ou les personnes que vous souhaitez guérir, au cours d'un rituel par exemple.

Sort de guérison à distance

Pour venir en aide à un(e) proche mal en point, voici un sort facile à réaliser pour envoyer des ondes de guérison à distance.

Matériel et ingrédients :

Une feuille de menthe fraîche.
Une photo de la personne visée.
Une bougie verte.
Un outil pour graver la bougie (athamé, canif, aiguille...).

Gravez le nom de la personne sur la bougie, ainsi qu'un sigil ou un symbole de guérison si vous le désirez. Chargez-la de votre intention. Vous pouvez aussi l'enduire d'huile de guérison.

Posez votre feuille de menthe fraîche sur ou devant la photo.

Allumez la bougie à côté de la photo.

Concentrez-vous sur votre objectif. Pensez à la personne visée, à son état actuel et à ce que vous souhaitez obtenir comme résultat avec ce sort. Visualisez une énergie positive et curative se diriger vers votre cible, l'envelopper et la soulager petit à petit de ses maux.

Laissez la bougie se consumer jusqu'au bout et recommencez autant de fois que nécessaire, en remplaçant systématiquement la feuille de menthe au préalable.

Potion magique antirhume

Parce que les remèdes de grand-mère sont clairement l'héritage des sorcières des siècles passés, il est fortement recommandé d'en garder quelques-uns en tête ou dans son grimoire en cas de besoin.

Pour les grosses crèves saisonnières bien pénibles, prenez l'habitude de préparer une petite potion magique pour booster votre système immunitaire et permettre à votre corps de mieux combattre l'envahisseur.

Ingrédients :

1 ou 2 rondelles de citron.
1 pincée de cannelle.
1 tranche de gingembre frais.
1 cuillère à café de miel.

1 pincée de piment de Cayenne en poudre.
1 cuillère à café de vinaigre de cidre.

Placez tous les ingrédients dans un mug et versez de l'eau bouillante par-dessus, puis mélangez bien. Laissez infuser au moins cinq minutes et dégustez ! Répétez l'opération autant de fois que nécessaire.

RITUEL DE LÂCHER-PRISE

À réaliser un soir de pleine lune ou de nouvelle lune, et plusieurs fois dans l'année, parce que ça fait toujours du bien.

Matériel et ingrédients :

Votre chaudron.
Une bougie verte.
Quelques feuilles de laurier.

Allumez votre bougie.

Quitte à ce que ça fasse un peu mal sur le coup, prenez le temps de bien vous concentrer sur toutes les choses dont vous aimeriez vous débarrasser dans votre vie. Les relations qui ne fonctionnent plus, les mauvaises influences, les mauvaises habitudes, les états d'esprit et pensées qui vous polluent la tête et vous empêchent d'avancer… Tout ce qui vous freine et vous encombre, en somme.

Une fois que vous avez isolé tous les éléments dont vous souhaitez vous débarrassez, prenez une feuille de laurier pour chacun d'entre eux. Si possible, écrivez un mot ou un symbole représentant chaque élément sur les feuilles, pour mieux les cibler.

Dans votre chaudron, brûlez les feuilles une à une en récitant une affirmation, pendant qu'elles se consument, liée à l'élément que vous bannissez à chaque fois.

Une fois les feuilles réduites en cendres, jetez-les par la fenêtre ou dans les toilettes.

Placez un petit remerciement à la lune, prenez une douche si possible pour symboliser cette purification et ce passage à un autre cycle et allez vous coucher.

SACHET POUR SOMMEIL PAISIBLE

Ingrédients :

Un petit sachet en tissu (comme ceux dans lesquels on offre les bijoux).
Une pincée de lavande.
Une pincée de camomille.
Une pincée de valériane. Sauf si l'odeur vous dérange, parce qu'elle peut être très forte. Si c'est le cas, remplacez-la par de la verveine.
Une pincée de romarin.
Une pincée de sel.
Une pincée de thym.

Un petit cristal ou deux si vous en avez à disposition : améthyste, quartz fumé, quartz rose ou fluorine. Vous pouvez également écrire une affirmation ou dessiner un sigil sur un bout de papier pour ajouter une touche personnelle

Si vous avez tendance à avoir le sommeil agité, à faire des cauchemars et à vous réveiller plus fatigué(e) que la veille, rassemblez un maximum des ingrédients ci-dessus dans un petit sachet – vous pouvez aussi les coudre directement à un petit coussin si vous maîtrisez l'aiguille et le fil – et glissez-le sous votre oreiller en visualisant bien fort votre nuit paisible avant d'aller vous coucher.

INHALATEUR DE POCHE

Pour garder ses mélanges d'huiles essentielles sur soi et prêts à l'emploi à tout moment.

Matériel et ingrédients :

Un petit flacon en verre ou en plastique avec un bouchon qui se visse, de préférence.
Du sel rose de l'Himalaya.
Les huiles essentielles de votre choix.

Remplissez votre petit flacon aux trois quarts avec du sel rose de l'Himalaya. Versez ensuite quelques gouttes de vos huiles essentielles préférées, ou choisissez-les en fonction de l'effet que vous recherchez – pour vous décongestionner pendant un rhume, calmer votre anxiété ou vous redonner un petit coup de fouet en cas de fatigue, par exemple.

Fermez le flacon, secouez-le et glissez ça dans votre poche ou votre sac à main !

RITUEL DE L'ŒUF

Un grand classique, qui a le mérite d'être très simple et qui permet de se débarrasser de ses soucis.

Ingrédients :

Un œuf.

Passez l'œuf sur tout votre corps en le faisant rouler sur votre peau – et en faisant attention à ne pas le faire tomber, sinon ce sera raté.

Visualisez toutes les mauvaises énergies et les mauvaises pensées quitter votre corps pour entrer dans l'œuf. Il absorbera tout ce dont vous ne voulez plus.

Une fois que vous aurez terminé, allez vous promener à quelques rues de chez vous (plus vous vous éloignerez de votre territoire quotidien, mieux ce sera) et éclatez l'œuf par terre. Vous pouvez aussi l'enterrer et le laisser pourrir en terre.

Lorsque vous rentrerez chez vous après vous être débarrassé de votre œuf, essayez de prendre un chemin différent, histoire d'ajouter une couche de feinte pour éviter que les énergies négatives vous suivent.

SACHET ANTISTRESS

À garder avec vous lorsque vous traversez des périodes de stress ou d'anxiété intense.

Ingrédients:

Un sachet violet.
Du bois de santal.
De l'anis étoilé.
Des clous de girofle.
De la lavande.
De l'eucalyptus.
Du sel rose de l'Himalaya.
Une petite améthyste.

Rassemblez tous les éléments dans le sachet en respirant profondément, le plus calmement possible. Fermez-le bien et gardez-le à portée de main ou dans votre sac à main lorsque vous vous retrouvez dans une situation stressante.

Si vous le pouvez, tenez-le dans vos mains et prenez de grandes inspirations en vous concentrant sur ses vertus si vous sentez l'anxiété monter.

LA MAGIE DU FOND DU LIT

Il y a des jours comme ça où sortir du lit ou du canapé constitue une épreuve à part entière. Que ce soit par choix, par flemme ou parce que notre condition physique et/ou mentale nous en empêche, nous avons besoin de ces journées de récupération dans un cocon. Si malgré tout l'envie de pratiquer la sorcellerie vous démange mais que l'énergie requise vous décourage d'avance, réjouissez-vous : il existe des tonnes de façons de pratiquer en faisant le minimum d'efforts.

J'ai séparé ces options en deux catégories : celles qui entrent quand même dans la case « pratique » mais qui demandent peu d'énergie et juste un poil de concentration, et celles qui sont purement théoriques, voire manuelles, qui vous permettront de rester en lien avec votre pratique.

PRATIQUE

★ **Purifiez votre espace et votre esprit.** Un simple bâton d'encens, une poignée de feuilles de sauge ou même le simple fait d'aérer votre foyer en ouvrant les portes et les fenêtres en grand suffira à vous permettre de mettre un coup de propre autour de vous pour éloigner les maladies, les mauvaises ondes, les pensées négatives et tout le bazar qui vous encombre pour vous permettre de récupérer plus tranquillement et de vous offrir un nouveau départ.

★ **Priez.** Que ce soit les divinités auxquelles vous croyez, l'univers, la vie, vos ancêtres, peu importe l'entité vers laquelle vous vous tournez en cas de besoin, adressez-lui quelques prières, quelques phrases, quelques mots pour vous reconnecter, que ce soit parce que vous avez besoin d'aide ou juste comme ça, pour vous rappeler ce lien et entretenir vos relations. Vous pouvez aussi simplement vous confier, raconter votre journée, parler de vos émotions, histoire de vous délester un peu et de réfléchir à voix haute en profitant de cette présence réconfortante.

★ **Méditez ou faites quelques exercices de relaxation.** Prenez le temps de bien respirer, de vous recentrer, de rebooter votre système en le ventilant un peu. Allongez-vous, laissez les pensées vous traverser l'esprit sans vous arrêter dessus, concentrez-vous sur votre respiration abdominale et prenez votre temps. Et si vous vous endormez, c'est du bonus. Ménagez votre monture, comme dirait ma mère.

★ **Prenez un bain.** Si vous avez l'immense privilège d'avoir accès à une baignoire, profitez de cette chance en prenant un bon bain rituel. Jetez quelques plantes et huiles dans l'eau – en vérifiant toujours que ça ne craint rien, je ne le répéterai jamais assez –, allumez des bougies, mettez votre playlist « calme » en fond sonore et détendez-vous. Choisissez vos ingrédients en fonction de votre moral et/ou de votre état de santé, tant qu'à faire.

★ **Préparez une bonne boisson chaude.** Thé, café, infusion, chocolat, lait chaud, à vous de choisir ce dont vous avez le plus besoin selon vos goûts – et les disponibilités surtout –, ajoutez-y vos ingrédients magiques ainsi qu'un peu de vos intentions, touillez le tout dans le sens des aiguilles d'une montre pour vous attirer quelque chose, dans le sens opposé pour éloigner quelque chose et dégustez en vous concentrant sur votre objectif !

★ **Glissez une carte de tarot liée à vos tourments sous votre oreiller et dormez dessus.** Trouvez la carte qui pourra vous aider à résoudre ce qui vous pose problème, confiez-lui vos soucis et laissez-la bosser pendant la nuit ou pendant votre sieste. Bonus : ça vous rapprochera de vos cartes. Certains spécialistes du tarot conseillent de dormir avec ses cartes pour créer un lien plus fort avec elles.

★ **Gardez un cristal dans votre main.** Un cristal qui calme ou qui requinque, selon ce dont vous avez besoin. Manipulez-le, caressez-le, gardez-le au chaud dans votre main et concentrez-vous sur lui et sur ses vertus.

THÉORIE ET PRÉPARATIFS

Sortez votre mortier et votre pilon et préparez des poudres ou des mélanges d'herbes à l'avance pour les stocker dans des petites fioles joliment étiquetées, histoire qu'elles soient toutes prêtes le jour où vous en aurez besoin.

Quand j'ai envie de faire quelque chose de « magique » mais que je n'ai pas l'énergie ou la capacité de concentration nécessaire, je sors mon matériel et je me pose devant la télé pour faire mes petits mélanges. Ça détend, c'est agréable, ça m'encourage à leur trouver des utilités et ça me donne quand même l'impression de faire quelque chose de magique.

★ **Préparez des sigils.** En utilisant la méthode que vous préférez, pensez à des sigils qui pourraient vous servir ou servir à vos proches dans les semaines à venir et dessinez-les dans votre grimoire pour vous y référer le moment venu. Si vous avez besoin d'aide, il existe un site extrêmement pratique qui crée des sigils pour vous à partir des affirmations que vous entrez. C'est https://sigilscribe.me, et c'est à garder dans ses favoris.

★ **Préparez des sels de bain.** Si vous avez une baignoire et que vous prenez parfois des bains rituels avec des herbes, des huiles et des sels dans l'eau, c'est le moment de vous faire gagner du temps en préparant vos sels à l'avance. Comme ça, au prochain bain, il n'y aura plus qu'à en verser un peu dans votre eau au lieu de courir partout pour rassembler tous les ingrédients et hop, terminé, y'a plus qu'à plonger !

★ **Remplissez votre grimoire**. Recopiez les choses que vous avez mises de côté au propre dans votre grimoire, notez vos dernières pratiques, vos observations, ou choisissez n'importe quelle section à compléter ou à créer du moment que ça vous inspire et que ça vous fait plaisir et noircissez un peu de pages dans ce beau grimoire !

★ **Relisez votre grimoire.** Encore moins fatigant : parcourez vos derniers écrits, revoyez ce que vous avez raconté, retrouvez des sorts que vous aviez oubliés, révisez vos correspondances… Renouez tranquillement avec vos propres connaissances et expériences.

MAUVAIS SORTS ET MALÉDICTIONS

MAUDIRE OU NE PAS MAUDIRE ?

C'est une des grandes questions qui divise les différentes communautés de sorcières à travers le monde : est-il éthique de jeter des mauvais sorts ?

Pour les adeptes de la wicca, la réponse est assez simple : peu importe ce qu'on envoie dans l'univers, on finira toujours par se prendre le fameux triple retour en pleine face. En gros, si tu fais du bien, tu recevras du bien, et si tu fais du mal, accroche-toi parce que ça va secouer et l'univers s'assurera de te le faire payer. C'est une loi universelle, on l'applique à peu près tous quand on réfléchit un peu à la question – on essaye d'être aussi positif que possible pour que l'univers nous récompense, et on parle toujours de punition quand on vit une série noire, cherchant à comprendre ce qu'on a bien pu faire de mal pour se prendre tout ça en pleine figure.

Mais tout le monde ne croit pas à la loi du triple retour. Il y a des nuances de gris dans lesquelles beaucoup de sorcières trouvent leurs aises – et j'en fais partie.

N'étant pas adepte de la wicca, le triple retour ne fait pas partie de mes principes et des règles que je suis. J'utilise plus mon baromètre éthique personnel lorsqu'il s'agit de prendre d'autres personnes pour cible dans mes sorts – qu'ils soient bénéfiques ou non. Ce n'est pas comme si je lançais des mauvais sorts tous les dimanches non plus, n'exagérons rien, mais lorsque j'ai besoin de le faire, je trouve des moyens de contourner ma conscience personnelle en m'appuyant sur des arguments qui, à mon sens, tiennent la route.

Prenons un exemple. Admettons que quelqu'un, dans votre entourage, vous ait fait du mal intentionnellement. Je ne parle pas des aléas de la vie, des ruptures un peu tristes, des malentendus et autres maladresses qui piquent parfois mais qui ne dépendent pas toujours de la volonté des autres. Je parle d'une intention volontaire de faire mal, vraiment mal, pour le simple plaisir. Avez-vous le droit de faire payer cette personne ? Certains pensent que oui. Devez-vous lâcher toutes les forces de l'enfer sur sa tronche et lui faire regretter le jour où elle est née jusqu'à la fin de ses jours ? Pas nécessairement.

Il existe des sorts « miroirs », qui permettent de renvoyer le mal qui a été fait à la personne qui en est responsable. C'est un peu comme quand on faisait le geste du miroir magique dans la cour de récré pour renvoyer une insulte vers son auteur, mais en plus stylé. Vous pouvez très bien trouver un sort qui forcera cette personne à faire face à la douleur qu'elle inflige, à comprendre ce que ça fait d'être dans vos pompes, à sentir la honte et la culpabilité qui devraient naturellement découler d'un tel acte. Vous pouvez perturber sa conscience, son sommeil, faire en sorte qu'elle ne vous oublie pas, qu'elle repense à ce qu'elle a fait et qu'elle se sente mal.

Vous pouvez aussi jouer la carte de la prévention et jeter un sort de protection sur les personnes qui l'entourent pour éviter qu'un autre individu ait à subir ce que vous avez vécu. D'autres trouvent des parades encore plus subtiles, comme celle d'envoyer des tonnes de bonnes choses en direction de tout son entourage proche pour que la personne se retrouve isolée dans sa vilainie, encerclée de personnes heureuses, calmes et comblées, tandis qu'elle galère à gérer sa lourde conscience.

Même en ayant cette vision des choses, ce principe, il a dû m'arriver maximum deux ou trois fois dans ma vie de faire usage d'un sort ayant vraiment la volonté de heurter ma cible, et je m'arrête souvent en cours de route en défaisant ce qui a été entamé parce que je me rends vite compte que ça me fait plus de mal qu'autre chose, déjà sur le moment. Je préfère alors me tourner vers des rituels qui vont réparer le mal qui a été fait, qui vont protéger, guérir, apaiser, parce qu'en visant quelqu'un après un événement négatif, je passe finalement beaucoup trop de temps à revivre le mal qui a été fait au lieu d'aller de l'avant.

Je ne le dirai jamais assez : tout est une question d'intuition.

C'est toujours à vous de choisir, à vous de juger, en votre âme et conscience, en sachant dans quoi vous vous embarquez et ce que ça peut impliquer pour votre cible comme pour vous. La décision vous revient. Comme dirait l'autre, de grands pouvoirs impliquent de grandes responsabilités – et ça vaut pour la sorcellerie plus que jamais.

Je ne pratique que très peu ce genre de sorts, mais je ne les rejette pas en bloc parce que mon «culte» tourne autour de la terre, de l'univers et de la nature, et que la destruction, la violence, la souffrance en font partie et donnent parfois naissance à de très belles choses. Je reconnais l'existence et l'utilité de toutes les énergies – ce qui ne m'empêche pas de faire très attention lorsque je touche à quelque chose de moins léger que ce qu'on peut trouver dans ma pratique quotidienne.

Ça peut être tentant, quand on découvre toutes les possibilités, d'essayer tout ce qu'on peut, de se venger d'actions qui nous sont restées en travers de la gorge, mais le chemin de la vengeance reste une route assez solitaire et peu gratifiante sur le long terme si on y accorde trop de temps. Il y a des choses qu'on ne pourra jamais totalement réparer, des gens qui ne seront pas vraiment punis comme on l'aimerait, des blessures qui resteront toujours un peu vives, et ça fait partie de nous, de ce qui nous construit, même si franchement on aurait préféré faire sans.

L'important est de ne pas se laisser totalement ronger par ce mal – et parfois, il vaut mieux s'offrir un sort de guérison, d'apaisement et de réussite que d'épuiser son énergie pour punir quelqu'un.

Parfois.

Ingrédients, rituels et potions

Baromètre du mauvais sort : du moins violent au plus vénère. Commencez par des trucs du type : travailler autour de la mauvaise personne plutôt que sur elle et aller jusqu'à niquer sa mère sur 38 générations.

CORRESPONDANCES

COULEURS Noir, rouge.

CRISTAUX ET MINÉRAUX Agate, améthyste, diamant, émeraude, grenat, obsidienne, onyx, opale, rubis.

PHASES DE LA LUNE Décroissante, nouvelle lune (quand elle n'est pas visible), pleine lune.

HERBES ET PLANTES Angélique, belladone, chicorée, citron, clou de girofle, gui, lierre, mandragore, myrrhe, oignon, ortie, patchouli, pavot, piment, quintefeuille, ronce, tabac, vétiver.

PLANÈTES Mars, Neptune, Pluton, Saturne.

Matériels et ingrédients fréquemment utilisés

Clous (rouillés ou non).
Verre pilé.
Mégots.
Lames de rasoirs.
Vinaigre.
Urine.
Sang.
Os.
Aiguilles et épingles.
Salive.
Insectes morts.
Charbon.
Épines (roses, ronces, etc.).
Pour représenter sa cible dans un sort :
Dagyde.
Photo.
Mèche de cheveux.
Rognures d'ongles.
Le nom de la cible écrit sur un papier.
Un objet lui ayant appartenu.
N'importe quel objet ou élément contenant un peu de son ADN – obtenu légalement, hein, on fait pas n'importe quoi !

MAUVAIS SORT RAPIDE

Si vous avez envie de balancer quelques mauvaises ondes rapidement, voici un sort de visualisation facile et accessible.

Matériel et ingrédients :

Une bougie noire.
Un outil pour graver la bougie.
Une photo ou le nom de votre cible sur un bout de papier.

Gravez le nom de votre cible sur la bougie. Posez la photo/son nom devant et allumez-la. Concentrez-vous sur votre cible et formulez tout ce que vous lui souhaitez. Ne vous perdez pas dans des précisions trop longues de type : «J'aimerais que tu te réveilles avec un énorme furoncle sur le nez demain matin et que tu pleures en croisant ton reflet dans le miroir.» Essayez plutôt de formuler des affirmations claires, comme : «Tu as honte, tu te sens mal, tu es triste, tu t'en veux, tu ne souris plus», etc. Si vous avez une intention plus claire en lien avec votre histoire avec cette personne, trouvez un moyen de la verbaliser simplement.

Balancez tout ce que vous avez, prenez le temps de bien canaliser votre énergie pour lui envoyer.

Laissez la bougie se consumer devant la photo/le nom et brûlez les restes.

SORT D'INCONFORT

Pour provoquer malaise et inconfort chez votre cible.

Matériel et ingrédients :

Votre chaudron (ou autre récipient résistant à la chaleur).
Votre mortier.
Une bougie noire.
Un outil pour graver la bougie.
Une photo de votre cible ou son nom écrit sur un papier.
Du piment rouge.
Du poivre noir.
De la coriandre.
De l'ortie.

Gravez le nom de votre cible et/ou un symbole représentant votre intention sur la bougie. Allumez-la.

Réduisez les herbes en poudre dans votre mortier.

À l'aide de votre bougie – et en faisant très attention –, mettez le feu à la photo/au nom de votre cible et jetez vite ça dans votre chaudron (qui doit être placé juste à côté pour éviter les accidents).

Répandez la poudre obtenue plus haut sur les flammes en formulant votre intention et en vous concentrant sur votre objectif.

Jetez les cendres obtenues dans les toilettes ou dehors.

La poudre peut aussi être dispersée devant le domicile de votre cible, mais ça risque d'être plus compliqué si vous vivez en ville. Une autre technique – encore plus délicate à notre époque – est de la semer dans les traces de pas de votre cible.

TRANSFERT D'ANGOISSE

Si vous avez tendance à faire des crises d'angoisse provoquées par les actions d'une personne, si le simple fait d'y penser vous coupe le souffle et vous fait paniquer, donnez-lui un aperçu de ce que ça fait d'être dans cet état. Pensez à tout ce qui représente vos émotions lors d'une crise d'angoisse – manque d'air, obscurité, sensation d'enfermement… – et servez-vous en pour les reporter sur votre cible.

Matériel et ingrédients :

Une représentation de votre cible (dagyde, photo, objet lui ayant appartenu…).
Une petite boîte en carton qui ferme.
De la terre.
Une bande de tissu.
Des clous ou du verre pilé (attention à ne pas vous blesser et à ne pas en laisser traîner derrière vous !).
Un ruban noir.
Du poivre noir moulu.
Du piment en poudre.

Recouvrez le fond de la boîte avec de la terre.

Prenez l'objet qui représente la personne ciblée et entourez-le de la bande de tissu. Elle représente le barrage entre cette personne et vous et va « étouffer » ses influences négatives.

Une fois bien enroulé, déposez l'objet dans la terre. Recouvrez la face qui dépasse avec le poivre, le piment, les clous et le verre pilé.

Fermez la boîte et sécurisez-la en l'enroulant de ruban noir, bien serré et bien fixé.

Enterrez la boîte, crachez sur la terre et partez sans vous retourner.

POUR METTRE FIN AUX RAGOTS

Si une ou plusieurs personnes dans votre entourage prennent un malin plaisir à colporter des rumeurs infondées sur vous, voici un petit rituel pour les inciter à se taire.

Matériel :

Une petite feuille de papier.
Une petite enveloppe.
Une bougie noire.
Votre chaudron.
Un outil pour graver la bougie.

Sur votre bougie, gravez un symbole lié à la rumeur ou au silence que vous souhaitez générer – une croix, une ligne suturée ou un sigil conçu dans ce but, à vous de voir ce qui vous semble le plus approprié.

Allumez la bougie.

Sur votre feuille, écrivez en détail la rumeur qui est racontée à votre sujet, ce que vous souhaitez voir disparaître des conversations.

Mettez-la ensuite dans l'enveloppe et fermez le tout.

En faisant extrêmement attention – parce que ça va vite et fort –, enflammez l'enveloppe et laissez-la se consumer dans votre chaudron. J'insiste : le papier fait de très grandes flammes qui peuvent être impressionnantes et risquent de vous mettre en danger. Si l'enveloppe est trop grande, coupez-la en petits morceaux avant de l'enflammer si vous n'êtes pas sûr de pouvoir contrôler les flammes rapidement.

Pendant que le papier brûle, récitez trois fois :

Que le feu des rumeurs qui brûle vos lèvres.
Réduise en cendres tous vos mensonges.

Laissez la bougie se consumer devant les cendres de la rumeur.

Jetez les cendres dans les toilettes ou enterrez-les.

PETITE MALÉDICTION VERBALE

Pour celles et ceux qui ne souhaitent pas mettre les deux pieds dans le bac de la magie nocive mais qui aimeraient quand même que leur cible prenne conscience de ses erreurs, une simple malédiction verbale peut suffire.

Par exemple, quand quelqu'un me nuit, au lieu d'absorber les émotions négatives que ça provoque chez moi et donc de prolonger mon mal-être, je tente toujours de lui envoyer une phrase du type : « Que l'horreur de tes actions te soit révélée » ou « Que la honte te chauffe les oreilles ». Histoire que la personne visée comprenne par elle-même qu'elle a fait une erreur, qu'elle se sente pouilleuse et, peut-être, qu'elle évite de recommencer.

Comme ça, je m'en débarrasse et j'évite de porter ce nuage au-dessus de ma tête toute la journée.

TABLE DES MATIÈRES

PRATIQUE

SORTS & RITUELS

C'EST À VOUS

ISBN : 9782756425351
OTP : L.01EUCN000885
Dépôt légal : septembre 2019

Achevé d'imprimer en septembre 2019
par Printer Portuguesa – Printing Industry SA.